02 Well-being Series

생과일주스 & 태교이유식

총명한 아이, 건강한 엄마를 위한

생과일주스 & 태교이유식

초판인쇄 · 2012년 9월 10일
초판발행 · 2012년 9월 15일

지 은 이 · 건강생약협회
펴 낸 이 · 이정우
펴 낸 곳 · 건강생활사

출판등록 · 2001년 10월 8일 제13-734호
주　　소 · 서울 서대문구 홍은동 453-2
전　　화 · (02)379-5159 / FAX (02)379-5512

총명한 아이, 건강한 엄마를 위한

생과일주스 & 태교이유식

건강생약협회 지음

건강생활사

차례

제1부 • 생과일주스 만들기

01 쉽게 지치고 몸이 항상 피곤할 때 / 10
완두콩 · 포도 주스 | 아스파라거스 · 바나나 주스 | 자몽 · 아스파라거스 주스 | 참마 · 비타민 주스 | 바나나 · 완두콩 · 두유 주스 | 포도 · 사과 주스

02 두통이 심할 때 / 14
자몽 · 국화꽃 주스 | 키위 · 셀러리 주스 | 호박 · 파파야 · 치즈 주스 | 아보카도 · 오렌지 주스

03 빈혈이 심할 때 / 18
키위 · 블루베리 주스 | 자몽 · 포도 주스 | 아보카도 · 사과 주스 | 브로콜리 · 토마토 주스

04 위장기능 강화로 활기를 회복할 때 / 22
오렌지 · 사과 주스 | 파파야 · 자몽 주스 | 양배추 · 브로콜리 주스 | 무 · 양배추 주스

05 피부가 윤기가 없고 거칠어졌을 때 / 26
파파야 · 두유 주스 | 키위 · 녹차 주스

06 여드름이 신경 쓰일 때 / 28
사과 · 양배추 · 당근 주스 | 오렌지 · 레몬 주스 | 코코아 · 율무 주스

07 체력이 약해지고 몸이 마를 때 / 32
사과 · 양배추 주스 | 감자 · 파파야 주스

08 감기 예방에 좋은 자연식품들 / 34
귤 · 칡 주스 | 감 · 레몬 주스 | 사과 · 무 주스 | 오렌지 · 배 · 당근 주스

09 변비가 심할 때 / 38
양배추 · 사과 주스 | 오렌지 · 파인애플 주스 | 키위 · 자몽 · 요구르트 주스 | 고구마 · 당근 주스

10 비만이거나 다이어트를 할 때 / 42
브로콜리 · 잣 주스 | 배 · 양배추 주스 | 딸기 · 참깨 · 두유 주스 |오이 · 사과 주스 | 키위 · 양배추 주스 | 토마토 · 오이 · 셀러리 주스

11 손톱이 약할 때 / 46
파인애플 · 당근 주스 | 키위 · 순무 · 딸기 주스

12 더위에 약하고 여름을 탈 때 / 48
수박 · 자몽 주스 | 오이 · 아스파라거스 주스 | 파인애플 · 완두콩 주스 | 오렌지 · 바나나 · 호박 주스

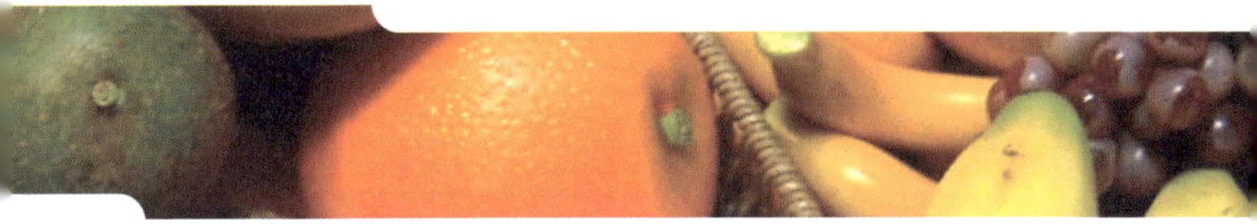

13 머릿결을 건강하게 가꾸고 싶을 때 / 52
호박 · 치즈 주스 | 호두 · 아보카도 주스 | 감 · 바나나 주스 |연근 · 당근 주스 | 복숭아 · 사과 주스

14 스트레스 해소를 위하여 / 58
셀러리 · 양배추 · 파인애플 주스 | 귤 · 순무 · 쑥갓 주스 | 아보카도 · 녹차 · 두유 주스 | 사과 · 셀러리 · 우유 주스

15 쉽게 잠을 이루지 못할 때 / 62
자몽 · 복숭아 주스 | 망고 · 셀러리 주스 | 자몽 · 민트(박하) · 레몬 주스 | 호박 · 바나나 · 오렌지 주스

16 갱년기장애를 극복하려면 / 66
시금치 · 자두 주스 | 당근 · 단호박 주스

17 건망증을 효과적으로 방지하려면 / 68
바나나 · 호두 주스 | 무화과 · 은행 주스 | 아보카도 · 바나나 주스 | 감자 · 사과 · 호두 주스

18 생리불순 · 생리통으로 고생할 때 / 72
파인애플 · 대추 주스 | 자몽 · 쑥갓 주스 | 부추 · 케일 주스 | 마늘 주스 | 복숭아 · 배 주스

19 정서적인 안정과 휴식이 필요할 때 / 76
배 · 파슬리 주스 | 딸기 · 파인애플 주스 | 당근 · 셀러리 주스 | 셀러리 · 오렌지 주스

20 임신 중 건강관리를 위해 / 80
토마토 · 대추 · 요구르트 주스 | 복숭아 · 파파야 · 생강 주스

21 여성의 냉 · 대하증 개선을 위하여 / 82
바나나 · 생강 주스 | 호박 · 복숭아 · 계피 주스 |마늘 · 꿀 절임 | 브로콜리 · 당근 · 바나나 주스

- 주스 만들기에 필요한 기구 / 86
- 신선한 과일 · 채소 고르기와 밑손질 / 88
- 칼라푸드_ 색깔별로 분류되는 식품이 건강을 개선한다 / 103
- 다양한 기능의 영양소 / 110

제2부 • 태교이유식 만들기

| Part 01 |

태교에 좋은 음식재료 · 119

미역 | 다시마 | 미더덕 | 새우 | 동태 | 검은깨 | 검은콩 | 밤 | 호두 | 오징어 | 굴 | 바지락 | 소고기 | 고구마 | 시금치 | 우엉 | 두부 | 늙은 호박 | 들깻잎 | 모시조개 | 죽순 | 마 | 잣 | 브로콜리 | 현미 | 바나나 | 사과(파란사과) | 복숭아

| Part 02 |

임신 시기별 태교음식 · 133

✲ 임신 1~2개월 · 134

멸치 브로콜리 볶음 · 134
전복 야채죽 · 136

✲ 임신 3~4개월 · 138

과일샐러드 · 138
두부전골 · 140
소고기 들깻잎 샤브샤브 · 142

✲ 임신 5~6개월 · 144

모시조개탕 · 144
시금치된장국 · 146
단호박밥 · 148

✲ 임신 7~8개월 · 150

닭볶음 · 150
부추전 · 152
콩나물김치밥 · 154

✲ 임신 9~10개월 · 156

코다리무조림 · 156
돼지고기 편육 · 158

✲ 산후 조리 · 160

미역국 · 160
늙은 호박죽 · 162

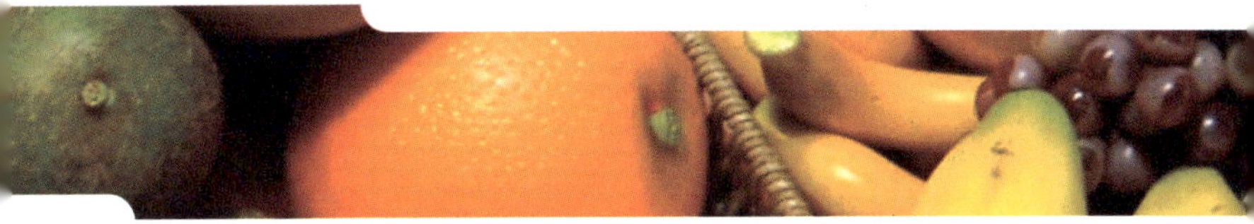

| Part 03 |

임신 증상별 태교음식 · 165

새우달걀냉채(입덧 완화) · 166
파강회(입덧 완화) · 168
뱅어포구이(뼈를 튼튼하게) · 170
도미간장소스구이(부기 가라앉힘) · 172
깻잎전(빈혈 예방) · 174
비빔냉면(변비 해소) · 176
키조개브로콜리볶음(산후 수유기) · 178
곤약호두무침(산후 수유기) · 180

| Part 04 |

성장 단계별 이유식 · 183

✲ 영 · 유아기 5~6개월 · 184
마죽 · 184
치즈&감자 미음 · 186
밤&잣 미음 · 188
브로콜리&당근 미음 · 190
우유 수프 · 192

✲ 영 · 유아기 7~9개월 · 194
현미죽 · 194
토마토&감자 수프 · 196
완두콩&단호박 죽 · 198
소고기&잣&현미 무른밥 · 200
흰살생선&검은깨 죽 · 202

✲ 영 · 유아기 10~12개월 · 204
새우&애호박 무른밥 · 204
참치&감자&양파 부침 · 206
닭고기&브로콜리 무른밥 · 208
전복&애호박 무른밥 · 210

✲ 영 · 유아기 12개월 이후 · 212
소고기&호두&두부 버거 · 212
닭고기&표고버섯 볶음밥 · 214
참치감자전 · 216
김치&야채 주먹밥 · 218
키위&사과&토마토 샐러드 · 220
단호박&치즈 구이 · 222

임신 · 성장 시기별 영양권장량 · 224

제1부
생과일주스 만들기

질환에 따른 생과일주스 만드는 법 | 주스 만들기에 필요한 기구 | 신선한 과일 · 채소 고르기와 밑손질 | 칼라푸드_색깔별로 분류되는 식품이 건강을 개선한다 | 다양한 기능의 영양소

Easy Make Sweat Juice

01 쉽게 지치고 몸이 항상 피곤할 때

피로를 느끼는 원인은 여러 가지이지만 크게 정신적인 피로와 질병에 의한 피로가 있다. 머리가 무겁고, 집중력과 의욕이 저하되며 졸음이 자꾸 오며 건망증이 심해지는 것은 정신적인 피로가 원인이 되기도 하는데 마음의 걱정 때문에 발생하기도 하고 신경안정제를 복용한 후유증의 결과로 나타나기도 한다.

기본적으로는 체내의 탄수화물과 지방 대사를 도와 에너지를 만드는 비타민 B_1 · B_2의 섭취가 필요하고 포도당 · 과당 등의 당질도 피로회복에 좋은 성분이다. 특히 몸속에 들어온 탄수화물을 포도당으로 분해할 때 필요한 영양소가 비타민 B_1인데 부족하면 몸 안에 충분한 에너지가 공급되지 않기 때문에 피로가 쉽게 쌓이게 된다. 야근이나 요름철 더위로 인해 기력이 갑자기 떨어졌을 때는 비타민 B_1이 풍부한 파인애플, 완두콩, 삶은 옥수수, 감자, 두부나 콩국수와 같은 콩류 음식 등을 많이 섭취하면 좋다.

딸기, 오렌지, 자몽 등에 다량 함유된 비타민 C는 스트레스로 인한 피로회복에 크게 효과를 보인다. 아울러 레몬, 감귤류, 자몽, 포도에 들어 있는 톡 쏘는 신맛, 레몬산(구연산 혹은 시트르산이라고도 함)이 부족하면 체내에 피로물질이 쌓여 피로감이 누적되므로 피로감이 몰려올 때는 레몬산이 많은 생과일 주스 한 잔을 마셔주는 것도 좋다. 그러면 신속하게 피로를 풀 수 있게 된다.

완두콩 · 포도 주스

완두콩의 비타민군, 포도의 과당이 피로회복을 촉진한다.

::재료(2인분)

완두콩(풋콩) 50g, 말린 백합 뿌리 20g, 포도 100g, 키위 1개, 물 300㎖

:: 만드는 법

① 백합뿌리는 부드러워질 때까지 물에 담그며, 키위는 껍질만 벗기고, 포도는 씨를 빼고 껍질째 사용한다.

② 재료를 적당한 크기로 잘라서 한꺼번에 믹서기로 3~4분 동안 간다.

아스파라거스 · 바나나 주스

아스파라거스의 아스파라긴산이 자양강장을 돕고 바나나의 당질과 카로틴이 피로회복에 도움을 준다.

::재료(2인분)

아스파라거스 60g, 파인애플 40g, 바나나 1개, 우유 300㎖, 흰깨 1큰술, 꿀 1작은술

:: 만드는 법

① 아스파라거스는 뿌리 부분을 제거하고, 파인애플은 껍질을 제거한다.

② 이들 재료를 적당한 크기로 잘라서 한꺼번에 믹서기에 넣고 3~4분 정도 간다.

자몽 · 아스파라거스 주스

자몽의 구연산이 피로회복을 도우며 아스파라거스는 자양강장과 신진대사를 촉진한다.

::재료(2인분)

아스파라거스 60g, 뉴그린 50g, 자몽 1개, 물 300㎖, 꿀 2작은술

::만드는 법

① 아스파라거스는 흐르는 물에 깨끗이 씻은 후 뿌리를 제거한다.

② 뉴그린은 한 잎, 한 잎, 흐르는 물에 씻고 초음파 세척기에서 마지막 헹군다.

③ 이들 재료를 적당한 크기로 잘라서 한꺼번에 믹서기에 넣고 3~4분 정도 간다.

Point | 뉴그린과 자몽 대신 셀러리와 레몬을 넣어도 좋으며 자몽은 껍질을 벗긴 후 과육을 적당한 크기로 자르고 믹서기에 함께 넣고 갈아도 좋다.

참마 · 비타민 주스

참마는 당질, 단백질, 비타민 $B_1 \cdot B_2 \cdot C$ 등이 풍부하여 피로 회복에 효과가 있다.

::재료(2인분)

참마 100g, 당근 30g, 비타민 30g, 우유 300㎖

::만드는 법

① 참마는 껍질을 벗긴 후, 갈변하는 것을 방지하기 위하여 설탕이나 식초 물에 담근다.

② 당근은 물에 깨끗이 씻고 껍질을 벗기지 않는 것이 좋다. 비타민은 흐르는 물에 잘 씻는다.

③ 재료를 적당한 크기로 잘라서 한꺼번에 믹서기에 넣고 3~4분 정도 간다.

Point | 우유 대신 요구르트나 꿀을 넣어도 맛이 좋다. 시간이 지나면 갈변하므로 바로 먹는 것이 좋다. 그리고 참마는 너무 걸쭉하면 먹기 곤란할 수 있으므로 조금 무르게 만드는 것이 좋다.

바나나 · 완두콩 · 두유 주스

피로회복에 좋은 비타민 B_1이 풍부하다.

:: 재료(2인분)

바나나 1개, 완두콩 60g, 두유 300㎖

:: 만드는 법

① 완두콩은 삶은 후 꼬투리를 벗긴다.

② 적당히 익은 바나나를 껍질을 벗긴 후 적당한 크기로 자른다.

③ 이들 재료를 모두 믹서기에 넣고 2~3분 동안 간다.

Point | 콩이 나지 않을 때는 통조림이나 말려서 저장해 놓은 콩을 삶아서 이용해도 좋다.

포도 · 사과 주스

포도의 당질과 레몬산이 몸에 쌓인 피로를 거뜬히 풀어준다.

:: 재료(2인분)

포도 150g, 사과 1/2개, 요구르트 2개, 레몬즙 1작은술, 꿀 2작은술

:: 만드는 법

① 포도는 알을 따서 잘 씻는다.

② 사과는 껍질과 씨를 제거하고 적당한 크기로 자른다.

③ 레몬은 스퀴저를 이용하여 즙을 낸다.

④ 포도는 잘 씻은 후 껍질과 씨앗을 제거하고, 속에 망이 있는 믹서기를 이용하여 간다. 갈게 되면 씨와 껍질은 망 속에 남고 포도즙은 망 밖으로 빠져 나온다.

⑤ 완전히 갈아지면 스위치를 끄고 망을 꺼낸 후 나머지 재료들을 넣고 다시 간다.

Point | 망이 없는 믹서기의 경우에는 씨를 먼저 빼고 모든 재료를 함께 갈거나 포도를 씨가 있는 채로 먼저 간 후 체로 걸러준다.

Easy Make Sweat Juice 02

두통이 심할 때

두통은 아주 흔한 병으로 대수롭지 않게 생각하여 진통제 몇 알로 지나가기 쉽다. 그러나 약을 먹을 정도의 두통이 계속 반복된다면 심각하게 원인을 찾아보아야 한다.

대개의 경우는 스트레스에 의해 머리가 아픈 경우가 많으나 눈에 맞지 않은 안경을 쓰거나 중이염, 충치, 축농증 등도 두통의 원인이 될 수 있다. 또한 고혈압과 저혈압의 경우에도 두통이 생길 수 있다.

그 밖에 갑자기 격렬한 두통과 구토가 일어나는 경우에는 뇌에 이상이 있다는 신호일 수도 있으므로 주의해야 한다. 이와 같은 두통의 완화에 도움이 되는 식품은 비타민 C가 다량 함유된 레몬, 키위, 오렌지, 자몽 등인데 항산화 작용을 하는 비타민 C와 E를 함께 섭취하면 더욱 크게 효과를 볼 수 있으며 몸을 따뜻하게 해주는 대추와 생강도 혈액순환을 촉진하여 냉한 것에서 오는 두통을 완화시켜 준다.

아울러 비타민 B군에는 뇌나 신경의 기능을 정상으로 유지시켜주는 효과가 있는데 결핍되면 두통이나 편두통을 일으키게 한다. 이럴 때는 닭고기, 콩류, 건포도 등, 비타민 B가 함유된 식품과 철분을 충분히 섭취하도록 한다.

이 밖에도 셀러리의 영양성분과 특유의 향, 민트향이 두통을 완화하며 아보카도, 아몬드, 파파야, 시금치, 바나나, 땅콩 등도 두통을 없애는 데 효과적인 과일 · 채소이다.

자몽 · 국화꽃 주스

자몽의 비타민 C가 두통을 완화해준다. 또한 국화차는 예로부터 머리를 맑게 해준다고 하여 민간요법에서도 애용되었다.

::재료(2인분)

자몽 1/2개, 국화꽃 20g, 파인애플 100g, 물 300㎖

::만드는 법

① 자몽은 껍질을 제거하고, 국화꽃은 뜨거운 물에 살짝 담갔다가 물에 씻은 뒤 꽃받침을 제거하고 꽃만 사용한다.

② 이들 재료를 적당한 크기로 자르고 모두 믹서기에 넣은 후 3~4분 동안 간다.

키위 · 셀러리 주스

정신적 피로감이 심하고 피로가 쉽게 풀리지 않을 때는 비타민류 영양소가 풍부한 키위와 셀러리를 함께 섭취하면 좋다.

:: 재료(2인분)

키위 1개, 셀러리 30g, 평지 30g, 꿀 1작은술, 물 300㎖

:: 만드는 법

① 키위는 껍질을 제거하고, 셀러리는 잎을, 평지는 뿌리를 제거한다.

② 이들 재료를 적당한 크기로 자르고 모두 믹서기에 넣은 후 3~4분 동안 간다.

호박 · 파파야 · 치즈 주스

호박에는 비타민 A · B · C가 풍부하고 칼슘이나 철분과 같은 미네랄이 듬뿍 들어 있어서 두통을 완화해준다. 파파야의 비타민 B · C, 치즈에 든 트립토판이 두통을 없애는 데 커다란 효과가 있다.

:: 재료(2인분)

늙은 호박 300g, 파파야 1/2개, 오렌지 1/4개, 우유 200㎖, 치즈가루 2작은술

:: 만드는 법

① 호박은 반 갈라 씨를 제거하고 껍질을 벗긴 후 적당한 크기로 자르고 물에 삶는다. 오렌지는 껍질을, 파파야는 껍질과 씨를 제거한다.

② 이들 재료를 3×3㎝ 정도의 크기로 자르고 한꺼번에 믹서기에 넣은 후 3~4분 동안 간다.

아보카도 · 오렌지 주스

비타민 E와 트립토판이 다량 함유된 아보카도와 비타민 C가 많은 오렌지, 불포화지방산이 듬뿍 든 땅콩이 두통을 완화해준다.

:: 재료(2인분)

아보카도 1개, 오렌지 1개, 땅콩 20g, 우유 250㎖, 꿀 1큰술

:: 만드는 법

① 아보카도는 껍질과 씨를 제거하고 오렌지는 껍질을 제거한다. 땅콩은 껍질을 벗기고 잘게 부순다.

② 이들 재료를 적당한 크기로 자르고 모두 믹서기에 넣은 후 3~4분 동안 간다.

알아두면 좋아요!

피로를 회복시키는 비타민 B1

비타민 B1은 탄수화물이 체내에 흡수되어 포도당으로 분해될 때 필요한 영양소이다. 따라서 비타민 B1이 부족하게 되면 에너지가 충분하게 공급되지 않아서 피로가 쉽게 쌓이게 되고 무기력증이 심해진다. 특히 철야작업으로 체력 손실이 많거나 여름철 같은 때는 비타민 B1이 충분하게 흡수되도록 관련 음식물을 섭취해줘야 한다. 포도, 양파, 완두콩, 팥, 시금치, 당근 등에 비타민 B1이 풍부하게 함유되어 있다.

Easy Make Sweat Juice 03

빈혈이 심할 때

빈혈은 혈액 성분 중의 하나인 적혈구 내의 헤모글로빈이 대량으로 파괴되거나 심한 출혈이 있을 때 생기기 쉬우며 젊은 여성들의 경우 다이어트 등으로 영양이 결핍되었을 때도 빈혈이 되기 쉽다. 빈혈이 심하면 격렬한 운동이나 과로를 피하고 몸을 따뜻하게 하면서 많은 휴식을 취해야 한다.

헤모글로빈은 철분이라는 미네랄 성분에 의해 만들어지며, 빈혈은 이 헤모글로빈이 감소해서 발생하는 증상이므로 빈혈을 예방하고 증상을 개선하기 위해서는 철분을 많이 함유하고 있는 과일이나 야채를 먹으면 효과적이다. 철분이 모자랄 경우, 머리가 무겁고 온몸이 나른하며 가슴이 답답한 증상을 보이게 된다.

철분은 브로콜리, 상추, 소송채, 시금치, 쑥갓 등의 녹색 채소 외에 포도, 자두, 톳 등에 많이 함유되어 있으며 콩류 식품, 우유, 깨 등에 든 단백질도 헤모글로빈을 만드는 성분이다.

한편 비타민 B_6나 비타민 C도 철분 흡수를 돕는 작용을 하는데, 양배추 · 바나나 · 옥수수 등에 든 비타민 B_6의 경우 헤모글로빈 생성을 돕고 자몽, 귤, 키위 등에 든 비타민 C는 헤모글로빈의 합성을 돕는다.

키위 · 블루베리 주스

빈혈 예방은 철분을 풍부하게 함유하고 있는 식품이 효과적이다. 키위와 블루베리에 함유된 비타민 C가 철분 흡수를 돕는다.

:: 재료(2인분)

키위 2개, 블루베리 100g, 두유 250㎖

:: 만드는 법

① 키위는 껍질을 제거한다.

② 키위, 블루베리 등 모든 재료를 믹서기에 넣고 3~4분 동안 간다.

자몽 · 포도 주스

빈혈 예방은 철분을 풍부하게 함유하고 있는 식품이 효과적이다. 키위와 블루베리에 함유된 비타민 C가 철분 흡수를 돕는다.

:: 재료(2인분)

자몽(큰것) 1개, 포도 200g,
요구르트 200㎖, 물 100㎖, 꿀 2작은술

:: 만드는 법

① 잘 익은 포도 한 송이를 한 알씩 떼어 물에 깨끗이 씻은 후 식촛물에 약 5분 정도 담그어 농약 성분을 제거한다. 자몽은 껍질과 씨를 제거한다.

② 이들 재료를 3×3㎝ 정도의 크기로 자른 후 한꺼번에 믹서기에 넣고 3~4분 동안 간다.

아보카도 · 사과 주스

흔히 '영양덩어리 과일'로 불리는 아보카도와 비타민 C가 풍부한 사과가 신진대사를 촉진하고 체력을 강화해서 빈혈증을 개선하는 데 도움을 준다.

:: 재료(2인분)

아보카도 1개, 사과 1개, 빻은 검은깨 1큰술, 우유 300㎖, 꿀 1작은술

:: 만드는 법

① 아보카도와 사과는 껍질과 씨를 제거한다.

② 이들 재료를 3×3㎝ 정도의 크기로 잘라서 한꺼번에 믹서기에 넣고 3~4분 동안 간다.

브로콜리 · 토마토 주스

철분이 듬뿍 든 브로콜리와 미네랄이 풍부한 토마토 혼합주스는 빈혈을 예방하고 혈압을 내려주며 각종 암 예방에도 효과적이다.

:: 재료(2인분)

브로콜리 100g, 잘 익은 토마토 2개, 사과 1/2개, 요구르트 300㎖

:: 만드는 법

① 브로콜리는 송이를 적당히 나눈 후 끓는 물에 살짝 데친다. 토마토는 끓는 물에 살짝 담갔다가 건져낸 다음 껍질을 벗겨 낸다. 사과는 껍질과 씨를 제거한다.

② 이들 재료를 3×3㎝ 정도의 크기로 잘라서 한꺼번에 믹서기에 넣고 3~4분 동안 간다.

알아두면 좋아요!

날씬한 몸매를 위해 필요한 비타민 B_2

군살이 쪄서 고민인 사람들에게는 군살을 붙게 한 원인인 '지질(脂質)'의 대사를 촉진하는 비타민 B_2가 필요하다. 비타민 B_2는 체내에 지질을 저장하지 않고 활동 에너지로 변하게 하므로 다이어트를 생각하는 사람에게는 꼭 필요한 영양소인 셈이다. 아울러 엄청난 에너지를 소모하는 성장기의 아이들에게도 비타민 B_2는 필수 영양소인데 이는 유제품과 계란과 같은 동물성 식품 외에 식물성 식품으로는 양파, 아몬드, 아보카도, 유채꽃, 시금치 등에 함유되어 있다.

Easy Make Sweat Juice 04

위장기능 강화로 활기를 회복할 때

단순히 심리적인 피로감이나 일시적인 의욕상실이 아니라 권태감이나 피로가 오래 가고 주변 사람들에게 짜증스럽게 대하는 일이 반복될 때는 신체적인 부분에서 문제의 원인을 찾아봐야 한다. 특히 비위장이 약해졌거나 만성 피로가 쌓이게 되면 일상이 귀찮아지고 작은 일에도 쉽게 화를 내거나 싫증을 내게 된다.

이럴 때는 위궤양과 같이 손상된 위점막의 재생에 도움이 되는 영양소인 비타민 U가 풍부한 양배추, 셀러리 등의 주스가 좋으며 당근, 호박 등에 많은 비타민 A도 위 점막의 보호에 효과가 있다.

또한 바나나를 요구르트와 섞어서 갈아 마시면 비타민 A의 일종인 카로틴이 풍부하고 펙틴 함유량이 높아서 입맛을 살려주고 위장기능을 활발하게 해준다. 혹은 바나나와 파인애플을 혼합한 주스 역시 소화불량을 완화하며 과민성대장 증상을 개선하는 데 효과적이다.

체내의 탄수화물과 지방질의 대사를 도와 에너지를 만들고 피로를 풀어주며 의욕을 불러일으키는 원동력이 되는 비타민 B_1 · B_2의 섭취도 충분해야 한다. 또한 비타민 C는 면역력을 높이고 피로회복을 도와 의욕을 회복하는 데 도움이 된다.

비타민 B_1이 풍부한 완두콩과 같은 콩류, 비타민 B · C가 많은 파파야, 비타민 B_1 · C가 듬뿍 들어 있는 자몽, 오렌지가 피로회복을 돕고 활기를 되찾아 준다.

오렌지 · 사과 주스

오렌지와 사과에 함유된 미네랄과 비타민 C가 피로회복을 돕고 기력을 회복시킨다.

::재료(2인분)

오렌지 1개, 사과 1개, 코코아 1큰술, 우유 250㎖

::만드는 법

① 사과는 껍질과 씨를 제거하고 오렌지는 껍질만 제거한다.

② 이들 재료를 모두 적당한 크기로 자르고 한꺼번에 믹서기에 넣고 3~4분 동안 간다.

파파야 · 자몽 주스

파파야와 자몽에 다량 함유된 비타민 C와 칼슘 등의 미네랄이 기운을 돋우어 주고 피로회복에 효과적이다.

::재료(2인분)

파파야 1/2개, 자몽 1/2개, 파슬리 5g, 우유 300㎖, 빻은 흰참깨 1작은술

::만드는 법

① 파파야는 껍질과 씨를 제거하고, 자몽은 반으로 나누어서 껍질만 제거한다.

② 이들 재료들을 적당한 크기로 자르고 한꺼번에 믹서기에 넣고 3~4분 정도 간다.

양배추 · 브로콜리 주스

비타민 C와 미네랄이 많은 브로콜리, 손상된 점막을 재생시켜 위 · 십이지장궤양에 좋은 양배추의 혼합주스는 피로를 회복시키고 위장기능을 강화하여 활기찬 생활을 하게 한다.

::재료(2인분)

양배추 200g, 브로콜리 100g, 꿀 1큰술, 우유 300㎖

::만드는 법

① 브로콜리는 송이를 적당히 나눈 후 끓는 물에 살짝 데치고 양배추는 깨끗이 씻는다.

② 이들 재료들을 적당한 크기로 자르고 한꺼번에 믹서기에 넣고 3~4분 정도 간다.

무 · 양배추 주스

위궤양으로 속이 쓰리고 더부룩할 때는 양배추와 무 혼합주스가 소화를 도우며 양배추의 비타민 U가 궤양 부위의 재생을 돕는다.

:: 재료(2인분)

무 100g, 양배추 150g, 우유 200㎖, 요구르트 1개, 꿀 1큰술

:: 만드는 법

① 무와 양배추를 깨끗하게 씻어 주고, 무 껍질에 묻은 흙이나 흠집은 잘 제거한다.

② 이들 재료들을 3×3㎝ 정도의 크기로 자르고 한꺼번에 믹서기에 넣고 3~4분 정도 간다.

알아두면 좋아요!

꾸준한 운동이 필요한 당뇨병

당뇨병이 발병하면 우리 몸에 인슐린이 부족하여 혈액 중의 포도당 농도가 높아져서 소변에 당이 빠져나오는 증상을 보이는데 이런 당뇨병이 발병하는 원인은 지나친 스트레스와 운동 부족, 비만, 과식, 기름진 음식 섭취 등으로 인해 오장육부에 열이 축적되었거나 혹은 독한 약물을 과도하게 복용했을 경우 췌장의 기능에 문제가 생긴 데서 비롯되며 한편 유전적인 원인도 있다.

당뇨병은 한순간에 쉽게 치료할 수 있는 병이 아니므로 일상적인 식생활에 꾸준하게 신경을 써야 하며 그에 못지 않게 꾸준하게 운동을 병행해야 한다. 완두콩이나 호박, 양파, 감잎 등이 당뇨병 개선에 도움이 되며 오가피차나 둥굴레차도 효과를 보인다.

Easy Make Sweat Juice 05

피부가 윤기가 없고 거칠어졌을 때

여성의 아름다움은 티 없이 맑고 불그스름하게 고운 피부에 있다고 해도 과언이 아니다. 그러나 바람이 살살 부는 봄이나 땀이 많이 나는 여름철, 환절기에는 피부가 건조해서 거칠어지게 되는데 이는 신진대사를 촉진하는 비타민 A와 비타민 E 등의 부족 때문이다. 특히 비타민 A가 부족하게 되면 피부의 각질층에 수분 부족이 심화되어 건조하고 거칠어지게 된다.

이럴 경우 파프리카, 파슬리, 평지, 망고, 파파야처럼 체내에서 비타민 A로 전환되는 β-카로틴을 다량 함유하고 있는 재료를 사용하면 효과가 있다. β-카로틴 성분은 체내에 흡수되어 필요한 만큼 비타민 A로 전환되고 나머지는 항산화제로 활동하기 때문에 피부미용은 물론 건강이라는 두 가지 효과를 얻을 수 있다.

또한 비타민 E는 A와 마찬가지로 피부의 신진대사를 촉진하며 피부 노화를 예방하는 데 효과가 있으므로 이를 많이 함유하고 있는 견과류들 즉, 호두나 해바라기, 아몬드, 아보카도, 호박 등의 식품을 함께 섭취하면 더욱 효과가 좋다.

아울러 기미나 주근깨를 방지하고 피부에 활력을 주는 비타민 C가 많이 함유된 토마토, 딸기, 자몽, 키위, 레몬, 오이, 브로콜리 등을 섭취하면 좋다. 특히 비타민 C는 특히 피부 성분 가운데 하나인 콜라겐 생성에 꼭 필요한 비타민이기에 탄력있는 피부미인을 꿈꾼다면 비타민 C를 포함해서 비타민군의 섭취를 게을리해서는 안 될 것이다.

파파야 · 두유 주스

기미 · 주근깨를 예방하고 멜라닌 색소의 생성을 막아준다.

:: 재료(2인분)

파파야 1/3개, 레몬즙 2큰술, 호박 60g, 두유 300㎖

:: 만드는 법

① 황색으로 적당히 잘 익은 파파야는 껍질과 씨를 제거한다. 너무 익거나 덜 익은 파파야는 효과가 떨어진다.

② 호박은 단호박이 좋으나 없을 때는 보통 조선호박을 적당한 크기로 자르고 씨를 제거한 후 삶는다.

③ 이들 재료를 적당한 크기로 자르고 한꺼번에 믹서기에 넣고 3~4분 정도 간다.

키위 · 녹차 주스

장을 깨끗하게 하여 뾰루지 생성을 억제하고 피부에 탄력을 준다.

:: 재료(2인분)

멜론 200g, 키위 1개, 가루녹차 1작은술, 물 300㎖

:: 만드는 법

① 잘 익은 멜론을 선택하여 껍질과 씨를 제거하고 키위는 껍질을 제거한다.

② 이들 재료를 3×3㎝ 정도의 크기로 자르고 한꺼번에 믹서기에 넣고 3~4분 정도 간다.

Easy Make Sweat Juice

06 여드름이 신경 쓰일 때

젊은 여성들의 큰 고민 중 하나가 여드름인데 이는 한번 생기면 좀처럼 없어지지 않는다. 여드름의 원인은 지질이나 당질의 과다섭취, 변비, 스트레스, 생리불순 외에 각종의 비타민 부족을 들 수 있다.

여드름은 부위에 따라 원인이 다르다. 이마와 턱에 나는 여드름은 대개 월경불순이나 호르몬 균형이 무너졌을 때 생기기 쉽고, 양 볼에 나는 경우는 간 기능이 약해 해독작용을 제대로 하지 못할 때 생기기 쉽다. 또한 코 주변에 나는 경우는 단것이나 기름진 것을 많이 먹기 때문이며 입 주변에 나는 경우는 비위장 소화기 기능이 약하기 때문이다.

이상과 같은 부위별 여드름을 유의하되 피부미용에 좋은 β-카로틴과 비타민 C · E · B_2가 풍부한 과일과 야채를 충분히 섭취하도록 한다.

당근과 쑥갓, 망고 등에 풍부한 비타민 A는 피부의 대사를 촉진하여 피부 점막을 강화시킴으로써 여드름 예방에 효과적이며 우유, 치즈 등의 유제품과 간, 장어 등에 함유되어 있는 비타민 B_2는 피부를 건강하게 유지시키는 작용을 하는데, 결핍되면 지성 피부가 되고 뾰루지와 같은 여드름 등의 원인이 된다.

아울러 비타민 C는 피부의 구성 성분인 콜라겐을 생성시키고 피부에 탄력을 주는데 키위나 연근, 레몬, 오렌지 등이 효과적이다. 복숭아나 감에 든 식물성 섬유질은 변비를 개선하여 여드름을 방지한다.

사과 · 양배추 · 당근 주스

여드름, 주근깨 등을 개선하여 젊은 여성들의 미용에 좋다.

: : 재료(2인분)

사과 1/2개, 양배추 60g, 당근 1/2개, 레몬 1/4개, 물 300㎖, 꿀 1큰술

: : 만드는 법

① 양배추는 유기농으로 재배된 것을 선택하여 잘 씻고, 사과는 씻은 후 껍질과 씨를 제거한다.

② 당근은 물에 깨끗이 씻은 후 껍질째 사용한다.

③ 이들 재료를 적당한 크기로 자르고 한꺼번에 믹서기에 넣고 3~4분 정도 간다.

오렌지 · 레몬 주스

노폐물 축적을 억제하여 피부를 맑게 하고 여드름 예방에 효과가 있다.

:: **재료(2인분)**

오렌지 1개, 레몬 2개, 꿀 2큰술, 요구르트 300㎖

:: **만드는 법**

① 레몬과 오렌지는 반으로 자르고 스퀴저로 즙을 짜낸다.

② 여기에 꿀과 요구르트를 혼합하여 잘 섞는다.

코코아 · 율무 주스

코코아는 혈액순환을 촉진시켜 피로로 인한 피부 트러블을 예방하며 율무는 체내 노폐물 축적을 억제하여 여드름이 신경 쓰이는 사람들에게 매우 효과적이다.

: : 재료(2인분)

코코아(무가당) 2큰술, 율무가루 3큰술, 우유 300㎖

: : 만드는 법

① 이들 재료를 믹서에 넣고 갈아 마신다.

② 입맛에 따라 꿀을 넣거나 따뜻하게 데워서 마신다.

알아두면 좋아요!

고혈압을 예방하는 칼륨

미네랄 성분 중의 하나인 칼륨은 과일이나 야채에 다량 함유되어 있으며 특히 토마토, 쑥갓, 케일, 피망, 오이, 포도, 매실 등에 칼륨이 많이 들어 있다. 칼륨은 체내에 흡수되어 혈액 중에 섞여 있는 염분을 체외로 배출시키는 작용을 하므로 혈압을 낮춰서 고혈압을 예방한다.

채소는 조리하면서 조미료의 염분이 더해질 수 있으므로 조리된 반찬으로 먹는 것보다는 날로 먹을 수 있어야 좋고 그런 의미에서 채소보다는 과일이 효과적이다. 특히 인스턴트 식품이나 반가공된 식품, 스낵류에는 염분이 많기 때문에 현대의 도시인들에는 칼륨이 함유된 자연 음식물의 섭취가 중요하다고 하겠다.

Easy Make Sweat Juice 07

체력이 약해지고 몸이 마를 때

체력이 약해지고 살이 자꾸만 빠질 때는 먼저 식욕을 돋아서 열량이 높고 고단백 음식들을 섭취하면서 에너지를 되찾아주는 것이 중요하다. 또한 체력이 약해지면서 소화 기능까지 떨어지는 경우가 많으므로 소화 흡수가 잘 되는 부드러운 음식을 섭취하되 너무 맵고 짠 음식은 피한다.

감자나 고구마, 바나나, 파파야, 옥수수는 탄수화물 함유량이 높아서 고열량 재료들인데다가 소화도 잘 되어 체내에 흡수되어 포도당과 같은 에너지원으로 변하면서 체력을 강화하는 데 큰 도움이 된다.

근육이나 장기의 구성 성분인 단백질은 활기차고 건강한 몸을 만들기 위해 반드시 필요한 영양소이므로 양질의 단백질을 충분히 섭취해주는 것이 좋다. 단백질이 부족하면 신진대사작용이 원활치 못하고 근력이 떨어지게 마련이다.

우유나 계란, 요구르트와 같은 동물성 단백질 성분도 좋고 완두콩이나 검은콩, 두유와 같은 식물성 단백질 성분도 효과적이다.

이 외에 소화도 잘 되면서 피로회복을 돕고, 세포 재생이나 위궤양 치료에도 효능이 탁월한 양배추 · 당근 · 브로콜리 · 사과 · 호박 · 감자 · 토마토 · 키위 등을 주스로 만들어 장기간 복용해도 근력을 강화하는 데 효과를 볼 수 있다.

사과 · 양배추 주스

위와 장 운동을 도와 건강하게 해준다.

::재료(2인분)

사과 1/2개, 양배추 60g, 호박 50g, 우유 300㎖, 꿀 1작은술

:: 만드는 법

① 사과는 깨끗이 씻어서 껍질을 벗겨 낸 후 반으로 잘라 씨를 제거한다.
② 호박은 씨를 제거하고 껍질째 잘라 2~3분 동안 팔팔 끓는 물에 데치거나 랩으로 싸서 전자레인지에 넣고 1~2분 정도 가열하여 사용하여도 좋다.
③ 양배추와 이들 재료를 3×3㎝ 정도의 크기로 자르고 한꺼번에 믹서기에 넣고 3~4분 정도 간다.

감자 · 파파야 주스

아침식사 대용으로 먹으면 속이 든든하고 편하다.

::재료(2인분)

감자 1개, 당근 50g, 파파야 1/3개, 레몬즙 1큰술, 물 300㎖

:: 만드는 법

① 파파야는 껍질과 씨를 제거한다.
② 당근은 깨끗이 씻어서 껍질째 사용하고 감자는 물로 깨끗이 씻은 후 껍질을 벗긴다.
③ 이들 재료를 3×3㎝ 정도의 크기로 자르고 한꺼번에 믹서기에 넣고 3~4분 정도 간다.

Easy Make Sweat Juice

08 감기 예방에 좋은 자연식품들

감기는 대부분 피로, 수면부족, 영양실조, 추위로 인한 몸의 저항력이 떨어졌을 때 감기 바이러스가 침투해 걸리는 병으로 오한, 두통, 재채기 등의 여러 부수적인 증세를 보이게 된다.

그러므로 감기를 예방하려면 평소에 충분한 영양섭취를 하고 휴식, 체온 유지가 필요하며, 체내 저항력을 높여주는 비타민 A·C 및 발한 해열작용을 하는 유화알릴 등의 성분이 많이 함유된 식품을 꾸준히 섭취해야 한다.

특히 비타민 A는 피부와 점막을 보호하고 활성화시킬 뿐만 아니라 감기 바이러스가 몸 속에 침입하는 것을 막아주기 때문에 감기 예방을 위한 필수 영양소이다. 비타민 A가 풍부한 당근, 호박, 브로콜리 등을 현미 등의 잡곡과 함께 먹으면 효과가 크다.

아울러 '피로회복 영양소'라고 할 수 있는 비타민 B_1의 경우에는 당질을 분해해서 열량으로 바꾸는 조효소의 역할을 하는 비타민으로서, 이것이 부족하면 에너지가 충분히 보급되지 않아서 피로가 쉽게 쌓이게 된다. 비타민 B_1은 감자, 파인애플, 두부와 같은 콩류 음식에 주로 함유되어 있으므로 부족하지 않게 충분히 섭취해야 한다.

키위나 양배추, 감 등에 많이 함유되어 있는 비타민 C는 면역력을 높여서 감기에 잘 걸리지 않도록 하는 데 도움이 되므로 매일 꾸준히 섭취하는 것이 좋다.

귤 · 칡 주스

칡에는 강한 발한 해열 작용이 있어서 땀을 내고 열을 떨어뜨리며 신진대사를 활발하게 하므로 감기 초기증세인 오한에 특별한 효과가 있으며 귤의 비타민 C가 감기를 예방하는 데 더욱 효과가 있도록 한다.

:: 재료(2인분)

귤 3개, 칡가루 2큰술, 생강즙 1작은술, 꿀 1큰술, 물 300㎖

:: 만드는 법

① 칡가루와 물을 냄비에 넣고 걸쭉해질 때까지 끓인 다음, 꿀을 섞는다.

② 귤은 껍질을 벗기고 생강은 물에 씻어 껍질을 벗긴 후, 강판에 갈아 즙을 낸다.

③ 이들 재료를 적당한 크기로 자르고 한꺼번에 믹서기에 넣고 2~3분 정도 간다.

Point | 뜨겁게 먹는 것이 좋으나 너무 뜨거우면 귤의 비타민 C가 파괴되므로 적당히 식힌 후 귤과 혼합한다.

감 · 레몬 주스

감의 비타민 A가 신체기관의 세포점막을 튼튼하게 하며 레몬에 많은 비타민 C가 피로회복을 촉진하여 감기 바이러스 침투를 막아준다.

::재료(2인분)

홍시 2개, 레몬 1/2개, 물 300㎖

::만드는 법

① 홍시는 씨와 껍질을 제거하고 레몬은 반으로 잘라 스퀴저로 즙을 낸다.

② 이들 재료를 적당한 크기로 자르고 한꺼번에 믹서기에 넣고 3~4분 정도 간다. 취향에 따라 꿀을 조금 넣어도 좋다.

사과 · 무 주스

무는 '기침을 멎게 하고 가래를 삭히며 입안의 갈증을 풀어준다'고 중국의 의서, 본초강목에 있다. 또한 당질이 많아 소화흡수가 잘 되는 사과와 귤은 감기로 인한 체력저하 개선에 도움이 된다.

::재료(2인분)

사과 1/2개, 무 150g, 귤 1개, 꿀 1큰술, 물 250㎖

::만드는 법

① 무는 깨끗이 씻고 귤은 껍질을, 사과는 껍질과 씨를 제거한다.

② 이들 재료를 적당한 크기로 자르고 한꺼번에 믹서기에 넣고 3~4분 정도 간다.

오렌지 · 배 · 당근 주스

오렌지의 풍부한 비타민 C, 당근의 비타민 A는 면역력과 저항력을 길러서 감기를 예방한다. 당질과 유기산, 비타민이 고루 함유된 배는 수분이 풍부하고 해열작용을 하여 감기를 낫게 하는 데 좋고 특히 기침과 가래가 오래 갈 때 개선 효과가 있다. 다만 배에는 찬 성질이 있으므로 설사를 자주 하는 사람은 좋지 않다.

::재료(2인분)

오렌지 1개, 당근 1/2개, 배 1개, 요구르트 250㎖, 꿀 1큰술

:: 만드는 법

① 오렌지와 당근은 껍질을 제거하고 배는 껍질과 씨를 제거한다.

② 이들 재료를 적당한 크기로 자르고 한꺼번에 믹서기에 넣고 3~4분 정도 간다.

Easy Make Sweat Juice 09

변비가 심할 때

변비는 장의 연동운동이 제대로 이루어지지 못하는 이완성 변비와 대변이 동글동글 뭉쳐서 잘 나오지 않는 경련성 변비가 있다. 보통의 경우 오래 앉아 있거나 임산부의 경우 복부에 압박을 받게 되면 변비가 될 수 있으며, 나이가 들어 대장 기능이 약해지거나 장의 연동운동이 저하되어 변비 증세가 나타나기도 한다.

변비 시에는 먼저 대장이 원활하게 연동운동을 할 수 있도록 앉아만 있지 말고 운동을 해주며, 아울러 수분공급을 충분히 해주고 변통에 도움이 되는 식품을 적극적으로 섭취해야 한다. 장 운동을 활발하게 해주고 변통을 좋게 하여 변비를 해소하는 데 필요한 영양소는 식물성 섬유질(식이섬유)과 장내 유산균을 증식해주는 비타민 C이다.

식이섬유를 많이 함유하고 있는 것은 사과, 양배추, 바나나, 자두, 고구마, 당근, 무, 대두이며 장내 유산균을 증식시켜주는 비타민 C가 많은 것은 키위, 자몽, 오렌지, 귤, 완두콩 등이다. 식이섬유의 경우, 위장에 오래 머물기 때문에 만복감이 있어서 다이어트 식품으로도 이상적이다.

식이섬유와 장내 유산균의 활동으로 변비가 해소되면 여드름이나 뾰루지, 거친 피부가 개선되고 비만도 개선되는 등 다양한 효과를 기대할 수 있다.

양배추 · 사과 주스

양배추와 사과에 들어 있는 풍부한 식물성 섬유질과 비타민 C가 변통을 좋게 하여 만성 변비 해소에 도움을 준다.

:: 재료(2인분)

양배추 60g, 사과 1개, 대추 5개, 요구르트 300㎖

:: 만드는 법

① 대추는 따뜻한 물에 넣어 씨를 빼고 깨끗이 씻은 사과는 씨만 제거한다.

② 이들 재료들을 3×3㎝ 정도의 크기로 자르고 믹서기에 넣고 3~4분 정도 간다.

오렌지 · 파인애플 주스

오렌지와 파인애플에 함유된 풍부한 식물성 섬유질과 비타민 C가 변비를 개선해줌은 물론 변비로 인하여 거칠어진 피부도 매끄럽게 가꿔준다.

::재료(2인분)

오렌지 1개, 파인애플 50g, 호박 100g, 물 300㎖

:: 만드는 법

① 오렌지와 파인애플은 껍질을 벗기고, 호박은 씨만 빼고 껍질째 잘라 삶는다.

② 이들 재료를 3×3㎝ 정도의 크기로 잘라서 한꺼번에 믹서기에 넣고 3~4분 동안 간다.

키위 · 자몽 · 요구르트 주스

키위와 사과, 자몽에 들어 있는 풍부한 식물성 섬유질과 비타민 C, 요구르트의 유산균이 변통을 좋게 하여 변비를 해소하는 데 매우 효과적이다.

::재료(2인분)

키위 2개, 사과 1/2개, 자몽 1/2개, 요구르트 300㎖

:: 만드는 법

① 키위와 사과는 껍질과 씨를 제거하고 자몽은 껍질만 제거한다.

② 이들 재료를 3×3㎝ 정도의 크기로 자르고 한꺼번에 믹서기에 넣어 3~4분 동안 간다.

고구마 · 당근 주스

고구마와 당근에 들어 있는 풍부한 식물성 섬유질과 비타민 C가 만성 변비를 해소하고 성인병 예방에도 도움을 준다.

:: 재료(2인분)

고구마 200g, 당근 1/2개, 오렌지 1/2개, 요구르트 300㎖

:: 만드는 법

① 고구마와 당근, 오렌지의 껍질을 벗긴다.

② 이들 재료를 3×3㎝ 정도의 크기로 잘라서 한꺼번에 믹서기에 넣고 3~4분 동안 간다.

알아두면 좋아요!

컴퓨터 등으로 눈을 혹사하는 경우

온종일 각종 데이터를 살피고 실험재료를 다루느라 눈을 혹사하는 연구가, 깨알 같은 글씨를 읽고 문장을 다듬거나 디자인하는 출판편집자와 디자이너들 그리고 수험생뿐만 아니라 현대인들은 컴퓨터 화면을 보고 서류작성을 하고 대화를 하는 수가 많기 때문에 눈을 혹사하기 쉽다.

이럴 경우 무엇보다 눈의 피로를 풀어주고 시력을 보호해주지 않으면 눈은 급격히 나빠지게 마련이다. 이와 같이 혹사당하는 눈을 보호하기 위해서는 1시간에 한 번씩이라도 멀리 녹색의 산을 바라본다거나 눈 회전하기와 같이 적절한 눈 운동도 좋지만 시력을 보호하는 음식물의 섭취도 중요하다. 당근, 호박, 시금치에는 시력을 보호해주는 영양소들인 비타민 A와 카로틴이 풍부하게 함유되어 있다.

Easy Make Sweat Juice

10 비만이거나 다이어트를 할 때

대부분의 경우, 살이 찌는 이유는 소비하는 칼로리보다 섭취하는 칼로리가 더 많을 때, 남아도는 칼로리가 지방조직에 축적되어 군살이 되기 때문이다. 비만을 개선하려고 하는 것은 각종 성인병을 일으키기 때문인데 정력감퇴, 발기불능, 조루, 월경불순, 불임증이 나타날 수도 있다. 그렇다고 무턱대고 단식을 하거나 다이어트를 시도하면 위험하다.

특정한 다이어트 프로그램을 실천하는 것에만 관심을 기울이지 말고 칼로리의 섭취를 적정량 이상 넘지 않도록 하되 삶은 양배추라든가 오이, 감자와 같이 칼로리가 적고 만복감을 주는 음식물을 선택하며 영양상 균형 잡힌 식단 위주로 생활하도록 한다.

특히 몸에 쌓인 지방질을 분해, 배출할 수 있는 식품을 골라서 꾸준히 섭취하는 것이 좋다. 여러 영양소 중에서, 몸 속에 흡수된 비타민 B_2는 지방질의 대사를 촉진하는 비타민이다.

날씬한 몸매로 가꿔주는 비타민 B_2는 우유나 계란, 요구르트와 같이 주로 동물성 식품에 많이 함유되었다. 따라서 주스에 이것들을 함께 넣어 섭취하면 좀 더 용이하게 섭취를 할 수 있다. 식물성 식품 중에서 비타민 B_2가 많은 것은 아보카도, 아몬드, 브로콜리, 케일, 유채꽃 등이며 간이나 잠두, 무 잎 등에도 다량 함유되어 있다.

생야채의 경우 대개 칼로리가 매우 낮고 섬유질도 많아 다이어트 식품으로 제격이며 비만에 의한 변비 개선에도 좋다. 또한 섬유질은 지방질을 분해, 배출하는 기능도 있으므로 비만일 때 매우 효과적이다.

브로콜리 · 잣 주스

운동부족에 의한 비만인 경우에는 특히 브로콜리와 잣이 좋은데 배와 함께 마시면 과식과 갈증을 해소한다.

:: 재료(2인분)

브로콜리 50g, 배 1/2개, 동아 30g, 저지방 요구르트 1/2컵, 잣 20g, 물 200㎖, 올리고당 1작은술

:: 만드는 법

① 배와 동아는 껍질과 씨를 제거하고 브로콜리는 너무 무르지 않게 적당히 데친다.

② 잣은 분쇄기를 이용하여 가루를 낸다.

③ 이들 재료들을 적당한 크기로 잘라서 한꺼번에 믹서기에 넣고 3~4분 동안 간다.

배 · 양배추 주스

배와 양배추를 함께 먹으면 위장질환 개선은 물론 장내의 노폐물을 동시에 제거할 수 있으므로 비만 개선에 효과가 있다.

:: 재료(2인분)

배 1개, 양배추 2잎, 레몬 2큰술, 저지방 요구르트 200㎖, 물 100㎖

:: 만드는 법

① 적당히 잘 익은 배를 골라 씨와 껍질을 제거하고 양배추는 물로 잘 씻는다.

② 이들 재료들을 적당한 크기로 잘라서 한꺼번에 믹서기에 넣고 2~3분 동안 간다.

딸기 · 참깨 · 두유 주스

비만을 개선하며 성인병인 동맥경화나 고혈압, 당뇨 등에도 효과가 있다.

:: 재료(2인분)

딸기 300g, 참깨 1작은술, 레몬즙 1작은술, 두유 200㎖

:: 만드는 법

① 딸기는 신선한 것으로 골라 흐르는 물에 잘 씻어 꼭지를 딴다.

② 참깨는 국산으로 희고 알이 잘고 고른 것을 선택하여 적당히 볶아 가루를 낸다.

③ 이들 재료를 함께 넣고 믹서기로 주스를 만든다. 단, 레몬즙은 주스를 만든 후 뿌려도 좋다.

오이 · 사과 주스

저칼로리라서 비만 개선에 효과적이며 포만감도 높은 편이라 식욕을 억제한다.

:: 재료(2인분)

오이 1개, 사과 1개, 레몬 1개, 물 300㎖

:: 만드는 법

① 오이는 소금으로 문질러서 씻는다.

② 사과는 깨끗이 씻은 후 껍질을 벗기고 반으로 자르고 씨를 빼거나 씨 빼는 기구를 이용하여 씨가 있는 가운데 부분을 도려낸다.

③ 레몬은 반으로 자른 후 스퀴저를 이용하여 즙을 낸다.

④ 준비한 재료를 모두 믹서기에 넣고 2~3분 정도 갈아준다.

키위 · 양배추 주스

다이어트로 심신이 지쳤을 때, 비타민과 미네랄의 조화로 건강한 생기를 되찾게 된다.

::재료(2인분)

키위 1개, 시금치 100g, 양배추 50g, 레몬 1/2개, 물 300㎖

:: 만드는 법

① 시금치와 양배추는 흐르는 물에 깨끗이 씻은 후 대략 2~3㎝ 정도의 크기로 자른다.

② 키위와 레몬도 껍질을 벗긴 후 2~3㎝의 적당한 크기로 자른다.

③ 준비한 재료를 모두 믹서기에 넣고 3분 정도 갈아준다.

토마토 · 오이 · 셀러리 주스

토마토는 체내의 수분을 유지해주므로 비만에 효과적이며 오이는 포만감을 주고 갈증을 없앤다.

::재료(2인분)

토마토 1개, 셀러리 1/2개, 오이 1/2개, 레몬즙 1작은술, 꿀 2큰술, 물 250㎖

:: 만드는 법

① 토마토는 깨끗이 씻은 후 팔팔 끓는 물에 1~2분 정도 데친 후 껍질을 벗기고 2~3㎝ 정도의 적당한 크기로 자른다.

② 셀러리와 오이는 물로 잘 씻은 후 3㎝ 정도의 크기로 자른다.

③ 이들 모든 재료를 믹서기에 넣고 3~4분 정도 갈아준다.

11 손톱이 약할 때

단백질의 일종인 케라틴(keratin)이 주성분인 손톱은 단백질이 부족하게 되면 잘 부러지게 되는데 단백질을 많이 섭취하면 손톱이 갈라지는 것을 예방할 수 있다.

단백질 중에서도 피부를 구성하는 성분인 콜라겐은 세포나 조직을 연결하고 기능을 활성화시켜 피부나 뼈의 노화를 방지하는 단백질이기 때문에 콜라겐 생성을 활성화시키면 좀더 건강한 손톱을 가꿀 수 있다.

이를 많이 함유하고 있는 식품은 고기나 생선인데, 비타민 C와 철분이 많이 함유된 과일 · 채소류와 함께 고기나 생선을 섭취하면 콜라겐이 쉽게 생성된다. 비타민 C는 키위나 자몽 등에, 철분은 녹황색 야채류인 브로콜리나 파슬리 등에 다량 함유되어 있다.

이 밖에도 체내에 흡수되어 눈, 머리카락, 피부를 건강하게 지켜주는 비타민 A와 피부노화를 방지하는 비타민 E가 함유된 식품을 섭취하면 좋다.

이와 같이 건강하게 손톱을 가꾸려면 식품을 통한 관리 외에 손톱용 영양크림이나 오일 등을 꾸준히 발라주는 것도 좋은 방법이다.

파인애플 · 당근 주스

당근과 파인애플에 함유된 비타민 A · B1 · C가 피부를 강하고 매끄럽게 가꿔준다.

:: 재료(2인분)

파인애플 100g, 당근 60g, 자몽 1/2개, 아몬드 10g, 꿀 1작은술, 물 250㎖

:: 만드는 법

① 당근은 깨끗이 잘 씻고 껍질째 사용하며, 파인애플은 껍질을 벗긴다.

② 자몽은 껍질과 씨를 제거한다.

③ 이들 재료를 적당한 크기로 자르고 한꺼번에 믹서기에 넣어 3~4분 정도 간다.

키위 · 순무 · 딸기 주스

키위의 풍부한 비타민 성분이 손톱과 발톱 그리고 피부의 거칠어짐을 방지한다.

:: 재료(2인분)

키위 1개, 딸기 100g, 순무 20g, 올리고당 1작은술, 물 300㎖

:: 만드는 법

① 적당히 잘 익은 키위는 껍질을 벗기고 씨를 제거하며 순무는 잎을 제거하고 물로 잘 씻는다.

② 이들 재료를 적당한 크기로 잘라서 한꺼번에 믹서기에 넣고 3~4분간 갈아서 꾸준히 매일 아침 한 잔씩 먹으면 좋다.

Easy Make Sweat Juice

12

더위에 약하고 여름을 탈 때

유난히 여름에 땀을 많이 흘리고 더위를 타는 사람들이 있다. 사상의학에서는 소음인이 여름을 가장 많이 타는 체질이라고 한다. 소음인들은 평소 몸이 차고 소화기가 약해 무더위에 땀을 많이 흘리면 몸이 더욱 냉해져 건강이 매우 나빠진다고 한다. 황기를 넣은 삼계탕이나 보신탕 등이 대표적 보양식이라 하며 냉인삼차나 수정과, 생강차가 더위를 이기는 데 도움이 된다.

아울러 여름을 심하게 타는 체질일 경우, 다른 사람들과 달리 운동을 무리하게 하면 오히려 피곤이 누적돼 해롭다. 따라서 땀을 많이 흘리는 운동은 피하고 가벼운 운동을 자주 하는 것이 좋다.

여름에는 햇볕에 오래 있으면 더위에 의해 손상된 물질들이 각종 독소가 되어 체내에 쌓이게 되므로 구토, 설사, 소화불량, 심하면 실신까지 하게 된다. 그러므로 이때는 몸의 열을 내려주는 식품이나 열에 강한 카로틴 식품, 원기를 보강하는 무기질 식품들을 보충해 주어야 한다.

몸의 열을 내려주고 신진대사를 촉진하여 더위를 이기는 데 도움이 되는 영양소는 비타민 B군이다. 배나 수박, 토마토 등에는 이런 영양소가 풍부하다. 또한 탄수화물의 대사를 도와 여름철 체력증진에 효과가 있는 비타민 B_1은 두부나 감자류 등의 식품에 많이 함유되어 있으므로 충분히 섭취하면 좋다. 또한 더위를 먹으면 입맛을 잃기 쉬우므로 식욕을 돋우는 셀러리와 같이 향미 채소를 조리하여 먹어도 좋다.

수박 · 자몽 주스

몸을 차게 해주는 대표적인 여름과일인 수박과 자몽의 풍부한 비타민이 열을 식혀주고 더위로 지친 심신의 기력을 회복시켜 준다.

:: 재료(2인분)

수박 300g, 자몽 1개, 물 100㎖

:: 만드는 법

① 수박과 자몽은 껍질과 씨를 모두 제거한다.

② 이들 재료를 적당한 크기로 잘라서 믹서기에 넣고 3~4분 동안 간다.

오이 · 아스파라거스 주스

수분과 비타민을 공급해주는 여름철 영양 채소인 오이와 아스파라긴산이 풍부한 아스파라거스가 원기 회복을 돕는다.

:: 재료(2인분)

오이 1개, 아스파라거스 60g, 멜론 300g, 레몬 1/2개, 물 300㎖

:: 만드는 법

① 멜론은 껍질과 씨를 제거하고 오이는 껍질을 벗긴다.

② 이들 재료들을 적당한 크기로 자르고 믹서기에 넣어 3~4분 동안 간다.

파인애플 · 완두콩 주스

파인애플은 피로회복뿐만 아니라 상큼한 향으로 식욕을 돋우고 신진대사 및 소화를 촉진한다. 완두콩의 필수아미노산과 옥수수의 영양성분이 여름철 원기 회복을 돕는다.

::재료(2인분)

파인애플 슬라이스 4쪽, 완두콩 200g, 옥수수알 1컵, 우유 300㎖

::만드는 법

① 완두콩은 삶아서 꼬투리를 벗긴다. 파인애플은 껍질과 심을 제거하고 옥수수는 삶아서 알만 모으고 심은 버린다.

② 이들 재료를 3×3㎝ 정도의 크기로 잘라서 한꺼번에 믹서기에 넣고 3~4분 동안 간다.

오렌지 · 바나나 · 호박 주스

오렌지와 호박의 비타민군이 신진대사를 촉진하고 새콤달콤한 맛이 식욕을 돋운다. 바나나와 호박의 당질은 소화흡수가 잘 되므로 노약자나 여름철 원기가 떨어졌을 때 체력유지에 좋다.

::재료(2인분)

오렌지 1/2개, 바나나 1개, 늙은 호박 100g, 우유 300㎖, 꿀 2작은술

::만드는 법

① 호박은 반 갈라 씨를 제거하고 껍질을 벗긴 후 적당한 크기로 썰어 물에 삶는다. 오렌지와 바나나는 껍질을 제거한다.

② 이들 재료를 3×3㎝ 정도의 크기로 잘라서 한꺼번에 믹서기에 넣고 3~4분 동안 간다.

알아두면 좋아요!

산성식품과 알칼리성 식품

우리 몸이 산성이 되면 쉽게 피로를 느끼며 병균에 대한 저항력이 약해져 병에 걸리기 쉽다고 한다. 산성식품을 많이 먹으면 정말로 몸이 약해지는 것일까? 그렇다고 알칼리성 식품만을 먹는 것이 옳은 것일까? 대개 알칼리성 음식이라고 하면 칼륨 · 칼슘과 같은 미네랄이 많이 함유된 음식을 말한다. 야채나 과일에는 일반적으로 약으로 섭취하는 영양소보다 훨씬 많은 미네랄과 비타민 등의 각종 영양소가 들어있다. 하지만 우리 몸은 산성식품과 알칼리성 식품의 섭취 비율이 조화를 이뤘을 때 더욱 건강하다.

1) 산성 식품

- 달걀 · 유제품 : 달걀노른자, 치즈, 버터
- 생선 · 어패류 : 멸치, 문어, 굴, 뱀장어, 미꾸라지, 새우
- 육류 : 닭고기, 돼지고기, 쇠고기
- 콩류 : 땅콩, 누에콩, 유부, 된장, 간장
- 야채 · 해조류 : 아스파라거스, 김
- 곡류 : 현미, 메밀가루, 백미, 대맥, 소맥분, 빵

2) 알칼리성 식품

- 달걀 · 유제품 : 달걀 흰자위, 우유
- 콩　류 : 강낭콩, 대두, 팥, 두부
- 야채류 : 시금치, 당근, 청경채, 감자, 양배추, 무, 연근
- 버섯류 : 표고버섯
- 해조류 : 미역, 다시마(곰부)
- 과일류 : 딸기, 밀감즙, 사과, 배, 포도즙

Easy Make Sweat Juice

13 머릿결을 건강하게 가꾸고 싶을 때

요즘은 머리 염색이나 탈색 등으로 머릿결이 상한 사람들이 많고, 간혹 머리를 기르고 싶어도 머리카락이 거칠어지고 갈라져서 기를 수 없다는 사람들도 있다. 이처럼 인위적인 염색 등으로 머리가 상하는 경우 외에 머릿결이 거칠거나 자꾸만 머리카락이 빠지는 현상은 머리카락에 영양이 부족하고 두피의 혈액순환이 원활하지 않기 때문에 일어난다.

이럴 때는 눈과 머리카락, 피부, 점막을 보호하고 강화시키는 비타민 A가 풍부한 당근이나 호박 등을 섭취해주면 좋아진다. 특히 당근과 호박은 β-카로틴의 형태로 체내에 흡수되어 비타민 A로 변하여 건강에 이로운 작용을 하는 한편 비타민 A로 변하지 않은 나머지는 체내에 남아 강한 항산화제로 작용을 함으로써 성인병 예방을 도와주므로 일석이조의 효과를 거둘 수 있다.

또한 머리카락을 형성하는 성분은 '함황아미노산'이라는 단백질인데 체내 단백질 흡수가 결핍되어도 머릿결에 윤기가 없고 거친 느낌을 주며 머리카락이 끊어지는 경우를 볼 수 있다. 생선이나 고기 등에 주로 많이 함유되어 있는 동물성 단백질 섭취를 늘려서 함황아미노산의 생성을 촉진하면 윤기있고 건강한 머릿결을 가꿀 수 있다.

한방에서는 머리카락은 신장과 깊은 관계가 있다고 하여 신장에 좋은 검은콩이나 조개류, 김과 같이 끈끈하면서 검은색의 식품을 보양식으로 권하는데 이것들 역시 머릿결을 건강하게 하는 데 도움이 된다.

머리카락의 트러블은 스트레스가 원인일 수도 있으므로 스트레스에 대한 저항력을 촉진하는 판토텐산을 많이 함유하고 있는 간이나 계란, 소맥 눈 등과 같은 식품을 많이 섭취하되, 역시 스트레스에 대한 저항력을 높여주는 비타민 C가 풍부한 과일들인 레몬, 오렌지, 키위, 감 등을 먹으면 효과가 있다.

아울러 아보카도와 호박, 빨간색 피망 등에 함유된 비타민 E는 혈액순환을 촉진하고 피부노화를 방지하므로 건강한 모발을 가꾸는 데 효과적이다.

호박 · 치즈 주스

우유와 치즈의 풍부한 단백질이 윤기 있고 매끄러운 머리카락을 만들고 호박의 비타민 A는 두피 건강에 도움이 된다.

::재료(2인분)

삶은 단호박 200g, 우유 300㎖, 크림치즈 2큰술, 꿀 2큰술

:: 만드는 법

① 단호박은 조각을 내어 씨를 제거하고 삶은 후 적당한 크기로 자른다. 단호박은 껍질째 사용하며 슬라이스치즈를 사용해도 좋다.

② 이들 재료를 적당한 크기로 잘라서 한꺼번에 믹서기에 넣어 3~4분 정도 간다.

호두 · 아보카도 주스

비타민 E와 C가 풍부하여 피부의 노화를 방지하고 세포를 젊게 유지시켜준다.

∷재료(2인분)

호두 20g, 아보카도 1개, 레몬 1/2개, 검은깨 1큰술, 우유 300㎖, 꿀 2작은술

∷만드는 법

① 적당히 잘 익은 아보카도를 선택하여 껍질과 씨를 제거한다.
② 이들 재료를 적당한 크기로 자르고 한꺼번에 믹서기에 넣어 3~4분 정도 간다.

감 · 바나나 주스

비타민 A·C가 풍부하여 피부미용에 도움을 준다.

∷재료(2인분)

감 1개, 바나나 1개, 레몬즙 2큰술, 자몽 1/4개, 물 300㎖

∷만드는 법

① 바나나는 껍질을 벗기고, 감과 자몽은 껍질과 씨를 제거한다.
② 이들 재료를 적당한 크기로 자르고 한꺼번에 믹서기에 넣어 3~4분 정도 간다.

연근 · 당근 주스

당근에 함유된 풍부한 β-카로틴이 피부와 모발을 건강하게 가꿔준다.

::재료(2인분)

연근 50g, 당근 150g, 레몬즙 2큰술,
물 300㎖, 꿀 1작은술

:: 만드는 법

① 연근과 당근은 깨끗이 씻은 후 껍질을 제거한다.

② 이들 재료를 적당한 크기로 잘라서 한꺼번에 믹서기에 넣어 3~4분 정도 간다.

복숭아 · 사과 주스

복숭아의 비타민 A · C, 사과에 함유된 풍부한 식물성 섬유질이 모발에 탄력을 주고 피부미용에 효과적이다.

:: 재료(2인분)

복숭아 1개, 사과 1/2개, 아보카도 1/2개, 물 300㎖

:: 만드는 법

① 복숭아와 사과, 아보카도는 껍질과 씨를 제거한다.

② 이들 재료를 적당한 크기로 자르고 한꺼번에 믹서기에 넣어 3~4분 정도 간다.

Easy Make Sweat Juice 14

스트레스 해소를 위하여

자연과 멀어지고 첨단문명의 이기를 누리고 사는 현대인들에게 있어서 스트레스가 완전히 없는 삶이란 것은 거의 불가능하다. 특히 생존경쟁사회에 살아남기 위해 과다한 업무량과 심리적 압박감, 짜여진 일정표에 의한 빡빡한 작업 스케줄은 스트레스를 더욱 부추긴다.

일단 우리 몸은 스트레스를 받으면 체내에서 비타민 C의 소모가 급격히 증가될 뿐 아니라, 혈관의 노화가 촉진됨으로써 신경이 불안정한 상태가 되며 근육에 피로 물질이 쌓이게 된다.

따라서 스트레스를 해소하기 위해서는 우선적으로 비타민 C의 섭취를 대폭 늘려야 한다. 아울러 진정 효과가 있는 미네랄 성분인 칼슘이나 칼륨, 근육과 뇌 세포를 활성화시키는 단백질, 혈관을 젊게 해주는 불포화지방산, 뇌신경 균형을 유지하고 피로를 풀어주는 비타민 B_1이 풍부한 음식을 많이 섭취하는 것이 효과적이다.

녹색잎채소와 양배추, 피망, 오렌지, 자몽, 딸기에 많이 들어 있는 비타민 C와 칼슘은 스트레스를 신속히 완화시켜준다. 또한 토마토의 풍부한 칼륨은 혈압을 내려주고 기분을 안정시켜 주는데, 비타민 C가 풍부한 피망과 토마토를 혼합한 주스를 꾸준히 마실 경우, 과중한 스트레스로 뒷목 당김 증상이 심한 사람의 증세를 완화하는 효과가 있다. 그 외에도 비타민 C가 많고 스트레스 해소에 좋은 식품으로는 셀러리, 양파, 연근, 상추, 사과, 살구 등이다.

셀러리 · 양배추 · 파인애플 주스

셀러리는 비타민 A · C가 비교적 많고 비타민 B_1 · B_2의 함량이 다른 채소에 비해 10배 이상이 된다. 그러므로 신진대사를 촉진하고 신경계가 정상적으로 활동하도록 도와줄 뿐만 아니라 피로를 풀어주며 원기를 증진시켜 주는 효과가 있다.

::재료(2인분)

셀러리 50g, 양배추 30g, 파인애플 100g, 레몬 1/2개, 상추 3잎, 물 300㎖, 꿀 2작은술

:: 만드는 법

① 셀러리를 비롯한 양배추와 상추는 흐르는 물에 잘 씻어 헹구어 둔다.

② 레몬은 스퀴저를 이용하여 즙을 내고, 파인애플은 껍질을 벗긴다.

③ 이들 재료를 적당한 크기로 자르고 한꺼번에 믹서기에 넣어 3~4분 정도 간다.

귤 · 순무 · 쑥갓 주스

쑥갓은 비타민 A · B_1 · B_2 · C를 비롯하여 철분, 칼슘, 칼륨 등의 미네랄이 비교적 다른 녹황색 채소보다 많으며 독특한 향기를 내는 방향정유 성분은 위를 따뜻하게 하고 장을 튼튼하게 하며 식욕을 증진시키며 변통도 개선시킨다. 따라서 신경을 안정시키며 피부에 윤기를 더해주며 혈압을 떨어뜨리는 데 효과가 있다.

:: 재료(2인분)

귤 1개, 순무 2개, 쑥갓 100g, 사과 1/2개, 꿀 2작은술, 물 300㎖

:: 만드는 법

① 순무는 깨끗이 씻은 후 껍질을 벗기고, 쑥갓은 너무 뻣뻣한 굵은 줄기를 제거하고 흐르는 물에 깨끗이 씻는다.

② 귤은 껍질을 제거하고 사과는 씨와 껍질을 제거한다.

③ 이들 재료를 적당한 크기로 자르고 한꺼번에 믹서기에 넣어 3~4분 정도 간다.

Point | 순무 대신 무를 넣어도 좋고, 쑥갓 대신 다른 녹황색 채소를 이용하여도 무방하다.

아보카도 · 녹차 · 두유 주스

아보카도는 과일 중에서도 영양가가 아주 높은 과일이다. 불포화지방산, 노화방지에 좋은 비타민 E와 B · C, 식물성 섬유 등도 풍부하다. 비타민과 미네랄이 균형 있게 함유되어 젊음을 유지하는 데 효과적이다.

::재료(2인분)

아보카도 1개 반, 녹차가루 1작은술, 따뜻한 물 100㎖, 두유 200㎖, 꿀 1작은술

::만드는 법

① 아보카도는 적당히 잘 익은 것으로 골라서 껍질과 씨를 제거한다.

② 녹차를 따뜻한 물에 우려낸 후 모든 재료를 믹서기에 넣고 2~3분 동안 간다.

Point | 아보카도를 구하기 어려울 경우에는 바나나, 토마토, 당근 등을 이용하거나 두유 대신 요구르트나 우유를 이용하여도 무방하다.

사과 · 셀러리 · 우유 주스

마음이 불안할 땐 녹황색 채소와 우유의 칼슘을 함께 섭취하면 신경안정에 도움이 된다.

::재료(2인분)

사과 1개, 셀러리 50g, 청경채 50g, 우유 300㎖

::만드는 법

① 청경채와 셀러리는 다듬은 후 흐르는 물에 잘 씻고 2~3㎝ 정도의 크기로 자른다.

② 사과는 껍질과 씨를 제거하고 2~3㎝ 정도의 적당히 작은 크기로 자른 후 모든 재료를 믹서기에 넣고 간다.

Point | 청경채 대신 소송채나 비타민, 케일을 사용하여도 좋은 효과를 볼 수 있다.

Easy Make Sweat Juice

15 쉽게 잠을 이루지 못할 때

건강상 특별한 문제가 없는데도 밤잠을 못 이룬 채 마음이 불안하며 머리가 맑아져서 불면증으로 고생하는 사람들이 종종 있다. 동의보감에서는 '열은 없는데 머리가 아프고 정신이 또렷해져 잠을 이루지 못하는 것은 몸이 허약하기 때문'이라고 하였다.

이럴 경우는 정신을 안정시켜서 수면을 유도하는 영양소로서 우유나 유제품 등에 많이 함유된 '트립토판'을 충분히 섭취해주면 효과적이다. 아울러 비타민 B_6는 트립토판이 활동하는 데 필요한 비타민으로서 바나나와 양배추 등에 다량 함유되어 있다.

한편 혈액순환을 촉진하여 몸을 따뜻하게 함으로써 편안한 수면을 유도하는 복숭아나 생강, 호박 등도 불면증을 개선하는 식품으로 권할 만하다. 술을 넣어 만드는 것도 좋기는 하지만 과음을 하게 되면 몸을 해치게 되므로 조심해야 한다. 셀러리에다가 브랜디 몇 방울을 떨어뜨려 만든 주스도 좋다. 특유의 향으로 뇌신경을 진정시키는 '알비올'이라는 셀러리의 성분에다가 소량의 브랜디가 섞어지면 예민해진 신경이 완화되면서 숙면을 취할 수 있다.

이 밖에도 양상추, 파슬리, 오렌지, 레몬, 자몽, 소송채 등도 불면증 개선에 효과적인 식품들이다.

자몽 · 복숭아 주스

자몽에 함유된 다량의 비타민 C와 복숭아의 영양소가 피로를 풀고 몸을 따뜻하게 해서 편안한 수면으로 유도한다.

:: 재료(2인분)

자몽 1개, 복숭아 200g, 오렌지 1/2개, 따뜻한 우유 300㎖

:: 만드는 법

① 자몽과 오렌지는 껍질을 벗기고 복숭아는 껍질과 씨를 제거한다.

② 이들 재료를 적당한 크기로 자르고 한꺼번에 믹서기에 넣어 3~4분 동안 간다.

망고 · 셀러리 주스

셀러리의 비타민 C와 망고에 든 비타민군, 유기산이 신경을 안정시키고 불면증을 해소한다.

:: 재료(2인분)

망고 200g, 셀러리 50g, 따뜻하게 데운 우유 300㎖

:: 만드는 법

① 셀러리는 잎을 제거하고 망고는 껍질과 씨를 제거한다.

② 이들 재료들을 적당한 크기로 잘라서 한꺼번에 믹서기에 넣고 3~4분 동안 간다.

자몽 · 민트(박하) · 레몬 주스

자몽과 레몬에 함유된 다량의 비타민 C와 민트향이 피로를 풀어주고 신경을 안정시켜 쾌적한 수면을 연출해준다.

:: 재료(2인분)

자몽 2개, 민트 잎 4장, 레몬 1/4개, 따뜻하게 데운 우유 300㎖, 꿀 2큰술

:: 만드는 법

① 자몽과 레몬은 껍질을 벗긴다.

② 이들 재료를 적당한 크기로 잘라서 한꺼번에 믹서기에 넣고 3~4분 동안 간다.

호박 · 바나나 · 오렌지 주스

소화 흡수가 잘 되고 자양강장을 돕는 호박이 몸을 따뜻하게 해주며 바나나의 비타민 B_6는 수면을 유도하는 트립토판의 활동을 촉진해서 편안한 잠으로 유도한다.

:: 재료(2인분)

늙은 호박 200g, 바나나 1/2개, 오렌지 1/2개, 따뜻하게 데운 우유 300㎖

:: 만드는 법

① 호박은 반 갈라 씨를 제거하고 껍질을 벗긴 후 적당한 크기로 자르고 물에 삶는다. 바나나와 오렌지는 껍질을 제거한다.

② 이들 재료를 3×3㎝ 정도의 크기로 잘라서 한꺼번에 믹서기에 넣고 2~3분 동안 간다.

알아두면 좋아요!

밤에 마시면 좋은 주스!

밤에는 하루를 차분히 정리하고 내일을 설계하는 시간이므로 신경을 안정시켜주는 채소 · 과일 생주스가 효과적이다.

셀러리, 레몬, 매실과 같은 과일 · 채소는 피로를 회복시키며 그 외에도 당근, 쑥갓, 호박, 포도 주스도 신경을 안정시키고 몸을 따뜻하게 하며 숙면을 유도하여 편안한 밤을 준비하는 주스로 안성마춤이다.

Easy Make Sweat Juice 16

갱년기장애를 극복하려면

갱년기가 되면 신진대사가 떨어져 빈혈이 오는 경우가 많다. 이때는 철분이 많은 시금치나 자두즙을 많이 섭취하면 좋다. 폐경과 함께 오는 갱년기장애는 현기증이나 피곤, 조바심 등 여러 가지 증상이 나타난다.

그러므로 적극적으로 기분전환을 시도하거나 마음을 편안하게 해주며 호르몬의 불균형을 조절해주고 혈액순환을 좋게 해서 컨디션을 유지하는 데 효과가 있는 식품을 많이 섭취하면 효과를 볼 수 있다.

따라서 사과, 오렌지, 자몽, 키위 등 비타민 C가 풍부한 과일을 즙으로 마시면 혈액순환이 촉진되고 노화된 세포를 활성화시키는 데 도움이 된다.

강력한 항산화작용을 하는 비타민 E는 혈액순환을 도와줄 뿐만 아니라 '젊음의 비타민'이라고 불릴 만큼 노화를 방지하므로 갱년기장애를 개선하는 데 적극적으로 이용해야 한다.

혈액순환을 돕기 때문에 혈행이 원활치 않아서 생기는 두통이나 어깨결림, 냉증 등에도 이 비타민 E가 효과적이다. 비타민 E가 다량 함유된 식품은 호박, 아보카도, 무청, 빨간 피망 외에 견과류인 콩, 땅콩, 호두 그리고 아몬드, 참깨 등이다.

시금치 · 자두 주스

시금치에는 조혈작용을 하는 철분과 엽산이 풍부하여 몸에 활력을 주며 자두에는 철분 외에 유기산과 비타민, 미네랄이 다량 함유되어 있어서 혈액순환과 신진대사를 촉진한다.

::재료(2인분)

시금치 100g, 자두 4개, 사과 1개, 저지방 우유 300㎖, 흑설탕 1큰술

:: 만드는 법

① 시금치는 잘 씻어서 뿌리를 잘라낸다.

② 자두는 깨끗이 씻어 씨를 제거하며 사과는 껍질을 벗기고 씨를 제거한다.

③ 이들 재료를 적당한 크기로 자른 후 믹서기에 넣고 3~4분 동안 간다.

당근 · 단호박 주스

호박과 당근에 들어 있는 풍부한 카로틴과 비타민 C가 활성산소를 제거하여 면역기능을 강화하며 자양강장 효과가 있어서 기력을 회복시킨다.

::재료(2인분)

당근 50g, 단호박 100g, 바나나 1개, 따뜻한 우유 150㎖, 홍차 150㎖

:: 만드는 법

① 단호박은 껍질과 씨를 제거하여 삶아내고 당근과 바나나는 껍질을 제거한다.

② 이들 재료를 적당한 크기로 잘라서 믹서기에 넣고 3~4분 동안 간다.

Easy Make Sweat Juice

17 건망증을 효과적으로 방지하려면

자기가 행한 일이나 알고 있는 사실을 깜빡 잊어버려서 사물의 처리 능력마저 약해진 것을 건망증이라고 한다. 건망증이 심한 사람은 치매도 잘 걸리므로 젊어서부터 기억력이 쇠퇴하지 않도록 조심해야 한다.

뇌에 산소가 부족하면 기억력 감퇴가 일어나므로 날마다 가볍게 유산소운동을 해서 체내에 산소를 공급해 주고, 두뇌가 녹슬지 않도록 무엇이든지 기억하고 암기하는 습관을 들이도록 노력해야 한다.

뇌에 신경을 전달하는 물질에는 도파민이나 아세틸콜린 등이 있는데 이러한 물질이 부족하게 되면 기억에 장애가 생겨 건망증이 생기게 된다. 그러므로 이 물질의 생성을 도와 뇌의 활성화를 도모하면 건망증을 어느 정도 방지할 수 있다.

특히 비타민 B_6는 대뇌의 신경전달물질 생성에 반드시 필요한 비타민인데 대두나 호두, 바나나 등에 함유되어 있으며 아연과 같이 섭취하면 효과적이다. 아울러 콩류나 감자에 함유된 비타민 B_1, 간이나 조개류에 많이 든 비타민 B_{12}도 뇌 기능을 활성화시키는 데 효과적이다. 호박, 아보카도, 빨간 피망 등에 든 비타민 E는 세포의 노화를 막고 활성화시키므로 치매와 건망증 예방에 중요한 영양소이다.

이와 함께 기억력 증진을 돕고 뇌를 활성화시켜주는 오미자차, 대추차, 허브차 및 건뇌식품인 땅콩, 참깨, 은행 등의 식품을 꾸준히 섭취하면 좋다.

바나나 · 호두 주스

바나나에 함유된 비타민 B6가 뇌 기능을 활성화하는 데 도움을 준다. 호두는 강장 · 강정작용 외에 뇌 세포를 활발하게 하는 건뇌(健腦)식품이다.

::재료(2인분)

바나나 2개, 호두 5개, 우유 300㎖, 꿀 2작은술

:: 만드는 법

① 바나나와 호두는 껍질을 제거하되 호두는 잘게 부순다.

② 이들 재료들을 적당한 크기로 자르고 한꺼번에 믹서기에 넣고 2~3분 동안 간다.

무화과 · 은행 주스

무화과에 함유된 비타민 C와 칼슘이 혈액순환을 촉진하고 은행은 뇌에 혈액 공급을 원활하게 해서 뇌 기능 강화에 효과적이다.

::재료(2인분)

무화과 1개, 은행 10알(15g), 호두 20g, 바나나 1개, 우유 300㎖

:: 만드는 법

① 바나나, 무화과, 은행의 껍질을 제거한다.

② 이들 재료들을 적당한 크기로 자르고 한꺼번에 믹서기에 넣고 3~4분 동안 간다.

아보카도 · 바나나 주스

아보카도의 비타민 E와 바나나에 함유된 비타민 B6가 뇌 기능을 활성화하는 데 도움을 준다.

: : 재료(2인분)

아보카도 1개, 바나나 1개, 레몬 1/4개, 요구르트 300㎖, 꿀 2작은술

:: 만드는 법

① 아보카도는 껍질과 씨를 제거하고 바나나와 레몬은 껍질을 제거한다.

② 이들 재료를 3×3㎝ 정도의 크기로 잘라서 한꺼번에 믹서기에 넣고 3~4분 동안 간다.

감자 · 사과 · 호두 주스

감자에 든 비타민 B1과 호두의 비타민 B6가 뇌 신경전달물질 생성을 촉진하며 사과에 함유된 구연산이 신진대사를 촉진하여 건망증 예방에 좋다.

: : 재료(2인분)

감자 1개, 사과 1개, 호두 5개, 오렌지 1/2개, 요구르트 300㎖, 꿀 2작은술

:: 만드는 법

① 사과는 껍질과 씨를 제거하고 감자와 오렌지는 껍질을 제거한다. 호두는 껍질을 제거한 후 잘게 부순다.

② 이들 재료를 3×3㎝ 정도의 크기로 잘라서 한꺼번에 믹서기에 넣고 3~4분 동안 간다

Easy Make Sweat Juice

18 생리불순·생리통으로 고생할 때

생리불순이란 월경이 때론 빠르게, 때론 느리게, 또 양이 많기도 하고 적기도 해서 매달 난감하게 하는 것을 말한다. 따라서 주기가 빠른 것을 경조증세, 주기가 느린 것을 경지증세라고 하는데 이런 증상이 일어나는 이유는 무엇 때문일까? 경조증세는 소화기장애나 비위장 기능의 손상 및 변비나 혈액순환 장애에 의한 울혈 시 나타나게 되며, 경지증세는 대개 선천적으로 허약해 잔병치레를 자주 하거나 출산과 유산을 많이 한 경우 또는 정신적인 충격이 있을 때도 나타날 수 있다.

생리통이란 생리 때만 되면 아랫배와 허리 부분이 묵지근하고 끊어질 듯 아픈 증세를 말하며 생리통으로 고생하는 여성들은 의외로 많은 편이다. 생리통이 심한 여성일수록 생리의 주기나 기간, 출혈량이 불규칙한 경우가 많다.

이런 증상이 지속적로 나타나면 병원에 가서 산부인과계에 이상이 없는지 검진을 해야 하지만 섭생면에서도 신경을 써주면 통증이 덜하고 생리불순도 완화된다.

찬 음료나 아이스크림, 카페인이나 알코올류는 삼가하되 혈액순환을 촉진하여 몸을 따뜻하게 해주는 호박이나 대추, 생강, 쑥, 익모초, 부추와 같은 식품을 섭취하는 것이 좋다. 아울러 출혈에 의한 빈혈을 막기 위해서 철분 함유량이 높은 호두, 콩류를 섭취하는 한편 혈관 강화 작용을 하는 비타민 C가 풍부한 키위, 귤, 브로콜리, 피망 등도 여성 고민 해소에 효과적이다.

파인애플 · 대추 주스

몸을 따뜻하게 하여 혈액순환을 좋게 한다.

::재료(2인분)

파인애플 100g, 대추 10개, 블루베리 100g, 우유 300㎖

:: 만드는 법

① 파인애플은 껍질을 벗기고, 대추는 따뜻한 물에 데친 후 씨를 뺀다.

② 이들 재료를 3×3㎝ 정도의 크기로 잘라서 한꺼번에 믹서기에 넣어 3~4분 정도 간다.

자몽 · 쑥갓 주스

비타민 C가 풍부하여 철분 흡수를 돕는 자몽, 혈액순환을 촉진하여 몸을 따뜻하게 해주는 쑥갓이 여성 생리불순과 생리통 완화에 효과적이다.

:: 재료(2인분)

쑥갓 100g, 자몽 1개, 말린 백합 뿌리 10g, 물 100㎖, 우유 200㎖

:: 만드는 법

① 쑥갓은 굵은 줄기를 제거하고 흐르는 물에 잘 씻으며, 자몽은 껍질과 씨를 제거한다.

② 백합뿌리는 물에 잘 씻은 후 뜨거운 물에 데쳐둔다.

③ 이들 재료를 적당한 크기로 자르고 한꺼번에 믹서기에 넣어 3~4분 정도 간다.

부추 · 케일 주스

몸이 찬 사람에게 좋다. 부추는 혈액순환을 좋게 하며 오래된 피를 배출하는 작용을 해 부인병에도 좋다.

:: 재료(2인분)

부추 100g, 케일 50g, 사과 1개, 꿀 1작은술, 물 300㎖

:: 만드는 법

① 부추와 케일은 흐르는 물에 깨끗이 씻으며 사과는 씨와 껍질을 제거한다.

② 이들 재료를 적당한 크기로 자르고 한꺼번에 믹서기에 넣어 3~4분 정도 간다.

마늘 주스

혈액순환이 좋아지고 몸을 따뜻하게 해서 생리통을 완화시켜준다.

::재료(2인분)

마늘 5g, 흑설탕 3큰술, 물 100㎖, 우유 200㎖

:: 만드는 법

① 마늘은 껍질을 벗기고 씻어서 물기를 닦고 칼등으로 눌러 으깬다.

② 흑설탕에 물을 붓고 중불에서 끓여 시럽을 만든다.

③ 설탕시럽이 담긴 냄비에 으깬 마늘을 넣어서 조린다.

④ 조려진 마늘을 식혀서 우유와 섞는다.

Point | 흑설탕 시럽은 조림, 볶음용 조미료 등 여러 가지로 사용할 수 있다.
우유 대신 생수나 뜨거운 물을 더 부어서 사용해도 좋다.

복숭아 · 배 주스

복숭아는 변비를 개선함은 물론 한방에서는 피를 맑게 해서 여성의 생리불순을 완화시킨다고 하여 약용과일로 권하고 있다.

::재료(2인분)

복숭아 1개, 배 1/2개, 말린 백합뿌리 10g, 요구르트 100㎖, 우유 200㎖

:: 만드는 법

① 배와 복숭아는 껍질과 씨를 제거하고 백합뿌리는 데쳐 둔다.

② 이들 재료를 적당한 크기로 잘라서 한꺼번에 믹서기에 넣어 3~4분 정도 간다.

Easy Make Sweat Juice

19

정서적인 안정과 휴식이 필요할 때

마음의 병이라고 할 수 있는 신경불안증은 강박관념 등에 의해 흥분하고 초조하고 가슴이 두근거리는 등 정신신경계에 이상 증세가 오는 것을 말한다. 증세로는 열이 나거나 머리가 지끈거리고 어지러우며 혈압이 오르는 등의 갱년기 여성들에게서 나타나는 현상과 비슷한 증상이 나타난다.

이처럼 정서적으로 불안할 때는 칼슘, 칼륨과 같은 미네랄이 풍부한 식품을 많이 섭취하게 되면 마음의 평정을 잡아 심신의 균형을 되찾을 수 있게 된다. 셀러리의 향이 마음을 평온하게 해주며 비타민과 미네랄이 다량 함유되어서 신진대사를 촉진하고 피로를 풀어주며 신경을 안정시키고 식욕을 돋워준다.

그리고 비타민 B군은 신체의 신경계를 정상으로 유지시켜 주는 비타민으로서 두부나 돼지고기에 많이 함유되어 있는데, 특히 B_6 · B_{12}는 보리, 간, 굴과 조개 등에 많이 함유되어 있으므로 이들 식품을 평소 식생활에서 충분히 섭취하면 크게 효과를 보게 될 것이다.

또한 신경이 날카로와지고 스트레스를 받으면 비타민 C의 소모량이 증가하므로 평소 충분히 섭취해야만 스트레스 저항력을 증진할 수 있다. 과일이나 채소는 대개 비타민 C가 풍부한데 특히 딸기, 파인애플, 키위, 오렌지, 파파야, 브로콜리, 셀러리, 파슬리, 양배추, 감자 등에 다량 함유되어 있다.

배 · 파슬리 주스

단맛이 좋은 배는 당질, 유기산, 비타민 등의 영양소가 고루 함유되어 신진대사를 촉진하고 뇌 기능을 활성화한다.

:: 재료(2인분)

파슬리 20g, 배 1/2개, 복숭아 150g, 홍차 100㎖, 우유 200㎖

:: 만드는 법

① 배는 껍질을 벗기고 씨를 제거한다.

② 이들을 적당한 크기로 잘라서 한꺼번에 믹서기에 넣고 2~3분 동안 간다.

Point | 제철 복숭아를 구하기 힘들다면 캔에 든 복숭아를 섞어도 좋다.

딸기 · 파인애플 주스

다량의 비타민 C가 함유된 딸기, 여러 비타민류의 영양소가 풍부한 파인애플과 무화과가 신경을 안정시키고 피로회복을 도우며 긴장감을 해소해준다.

::재료(2인분)

딸기 120g, 파인애플 50g, 무화과 1개, 탈지유 2큰술, 물 300㎖

::만드는 법

① 딸기는 천연세제로 잘 씻은 후 꼭지를 따고 무화과와 파인애플은 껍질을 제거한다.

② 이들 재료를 적당한 크기로 잘라서 한꺼번에 믹서기에 넣고 3~4분 동안 간다.

당근 · 셀러리 주스

비타민과 미네랄이 풍부한 당근과 셀러리를 함께 갈아 마시면 뇌신경이 활발해지고 피로회복이 촉진되며 기력이 보강되어 심리적인 안정을 찾고 긴장감 해소에도 좋다.

::재료(2인분)

당근 50g, 셀러리 60g, 레몬즙 1큰술, 물 300㎖

::만드는 법

① 당근은 잘 씻어 껍질을 벗긴다. 셀러리도 흐르는 물에 씻되 홈 사이 패인 부분의 흙먼지를 잘 씻은 후 물기를 없앤다.

② 이들 재료를 적당한 크기로 잘라서 한꺼번에 믹서기에 넣고 3~4분 동안 간다.

셀러리 · 오렌지 주스

비타민과 미네랄이 듬뿍 든 셀러리와 비타민 C가 많은 오렌지를 함께 갈아 마시면 좋다. 특히 셀러리 향은 심리적인 안정을 주고 스트레스 저항력을 높여준다.

::재료(2인분)

셀러리 40g, 오렌지 3개, 레몬 1/2개, 꿀 2작은술, 요구르트 200㎖

:: 만드는 법

① 셀러리는 흐르는 물에 잘 씻되 홈 사이 패인 부분의 흙먼지도 잘 닦아낸 후 물기를 없앤다. 오렌지는 껍질을 벗긴다.

② 이들 재료를 적당한 크기로 잘라서 한꺼번에 믹서기에 넣고 3~4분 동안 간다.

알아두면 좋아요!

비만 개선을 위한 생활수칙

1) 식품을 살 때

- 배고플 때 시장을 보지 않으며 충동구매는 금물
- 인스턴트식품은 칼로리가 높다는 것을 명심

2) 음식 만들 때

- 기름을 많이 사용하는 음식은 우선적으로 피한다.
- 음식은 큰 접시보다 작은 접시에 담으면 더 많아 보인다.
- 한 접시에 한 가지 요리만 담는다.

3) 음식을 먹을 때

- 자기 생활 리듬에 맞추어 식사를 한다.
- 식사시간을 길게 잡지 않으며 한 입 정도는 남긴다.

Easy Make Sweat Juice

20 임신 중 건강관리를 위해

건강하고 영리한 아이를 탄생시키기 위해서는 정신적, 신체적으로 세밀한 준비가 필요하다. 임신 중에는 태아의 혈액과 뼈 등을 형성하는 데 도움이 되는 식품이나 산모의 몸을 따뜻하게 해서 빈혈을 예방하는 데 도움이 되는 식품을 충분히 섭취해야만 한다. 특히 혈액의 주성분인 철분을 함유하고 있는 식품을 많이 섭취해야 한다.

철분은 주로 쇠간이나 바지락, 브로콜리, 콩류, 우유, 잣 등에 많이 함유되어 있으며 식물성보다 동물성에 들어 있는 철의 흡수율이 높기 때문에 고기나 생선 등과 혼합해서 섭취하면 더 효과적이다. 그리고 비타민 C는 철의 흡수를 돕게 되므로 함께 섭취하면 철의 흡수가 촉진된다.

뿐만 아니라 태아의 뼈 형성을 위해 우유나 유제품, 해조류, 참깨 등에 함유되어 있는 칼슘도 많이 섭취해야 한다. 또한 비타민 D는 칼슘의 흡수를 도우므로 비타민 D가 듬뿍 든 소나 돼지의 간, 다랑어, 고등어, 계란 노른자, 말린 표고버섯 등도 함께 섭취하면 좋다.

임신 중에는 손발이 냉하게 되지 않도록 주의하며 임신 개월 수가 더해갈수록 부기가 심해지게 되므로 부기를 완화시키는 수박이나 오이 등을 먹어주면 좋다

토마토 · 대추 · 요구르트 주스

토마토와 대추에 함유된 비타민 C가 혈액순환을 촉진하고 면역력을 강화해준다. 대추에 들어 있는 유기산은 신경을 이완시켜서 임신 중 여성의 정서안정에 효과적이다.

:: 재료(2인분)

토마토 2개, 대추 8개, 호두 2알, 빻은 검은깨 1큰술, 요구르트 200㎖, 물 100㎖

:: 만드는 법

① 토마토는 살짝 데쳐 껍질을 벗기고 대추는 뜨거운 물에 담가서 씨를 제거하고 호두는 껍질을 제거한다.

② 이들 재료를 적당한 크기로 잘라서 믹서기에 넣고 3~4분 동안 간다.

복숭아 · 파파야 · 생강 주스

복숭아는 임신 중 여성의 혈액순환을 돕고 파파야는 미네랄이 풍부하여 심신의 안정을 취하는 데 도움을 준다. 생강은 발한과 이뇨작용을 도와서 몸의 부기를 없애준다.

:: 재료(2인분)

복숭아 1개, 파파야 1/3개, 레몬 1/4개, 생강 1g, 물 300㎖, 꿀 1작은술

:: 만드는 법

① 복숭아와 파파야는 껍질과 씨를 제거하고 생강과 레몬은 껍질을 제거한다.

② 이들 재료들을 적당한 크기로 잘라서 모두 믹서기에 넣고 3~4분 동안 간다.

Easy Make Sweat Juice

21

여성의 냉·대하증 개선을 위하여

냉증은 여성에게 흔히 나타나는 질병으로 전신적 또는 국부적으로 한랭감을 느끼며 혈액순환장애로 손발이 차고 가끔 두통이나 요통, 현기증까지 동반하는 질병이다. 이런 증세를 완화하기 위해서는 혈액순환과 신진대사를 활발하게 하여 몸을 따뜻하게 해주는 영양소들인 비타민과 미네랄이 풍부한 식품을 섭취해야 한다.

대하증이란 월경, 배란, 임신, 수유기도 아닌데 여성 성기의 분비물이 많아져서 질구 밖으로 흘러 외음부가 빨갛게 부어오르고 가려움 증세가 있는 것을 말하는데 일반적으로 대하증을 냉증이라 한다. 그 원인은 전신적인 허약으로 신진대사 기능이 떨어진다거나 소화기 기능의 허약, 정신적 충격 등에 의해 일어날 수 있다.

감귤류와 딸기 · 자몽 · 평지 · 브로콜리 등에 많이 함유되어 있으며 혈관을 튼튼하게 하고 혈액순환을 촉진시키는 비타민 C는 여성의 냉 · 대하증 개선에 효과적이다. 유제품에 많은 칼슘, 바나나 · 고구마 등에 많은 칼륨 그리고 아몬드 · 대두 등에 함유되어 있는 마그네슘은 심장 박동과 근육수축을 원활하게 하여 몸을 따뜻하게 해준다. 복숭아나 살구 · 호박 · 생강에 든 영양소 역시 혈액순환을 촉진하여 몸을 따뜻하게 해준다.

아울러 고추의 매운맛을 내게 하는 캡사이신이나 계피 · 미나리 · 셀러리 · 생강에서 나는 특유의 향미도 혈액순환을 좋게 하고 몸의 기운을 편안하게 하여 냉 · 대하증 개선에 효과적이다.

바나나 · 생강 주스

바나나에 함유된 칼륨이 혈액순환과 근육수축을 원활하게 하며 몸을 따뜻하게 해주는 생강이 냉 · 대하증 개선에 도움을 준다. .

::재료(2인분)

바나나 1개, 생강 2g, 복숭아 1/2개, 우유 300㎖

:: 만드는 법

① 생강은 껍질을 벗기고 복숭아는 껍질과 씨를 제거하고 바나나는 껍질만 벗긴다.

② 이들 재료를 적당한 크기로 잘라서 믹서기에 넣고 3~4분 동안 간다.

호박 · 복숭아 · 계피 주스

호박과 복숭아, 계피는 혈액순환을 촉진하여 여성의 몸을 따뜻하게 하여 냉 · 대하증을 개선하며 피를 맑게 해서 생리불순 치료에도 좋다.

:: 재료(2인분)

늙은 호박 150g, 복숭아 1개, 꿀 2작은술, 계피 약간, 물 300㎖

:: 만드는 법

① 호박은 반 갈라 씨를 제거하고 껍질을 벗긴 후 적당한 크기로 썰어 물에 삶는다. 복숭아는 씻은 후 껍질과 씨를 제거한다.

② 이들 재료를 3×3㎝ 정도의 크기로 잘라서 한꺼번에 믹서기에 넣고 3~4분 동안 간다.

마늘 · 꿀 절임

마늘과 꿀은 혈액순환을 촉진하고 여성의 몸을 따뜻하게 해줘서 냉 · 대하증 개선에 효과적이다.

:: 재료(2인분)

마늘 10통, 꿀 2컵

:: 만드는 법

① 마늘은 껍질을 벗기고 씻은 후 물기를 빼고 마늘의 꼭지를 칼로 잘라낸다.

② 손질한 마늘을 유리병에 넣고 꿀을 채우고 밀폐하여 시원하고 그늘진 곳에서 6개월 동안 보관한다

브로콜리 · 당근 · 바나나 주스

브로콜리와 당근에 든 풍부한 비타민과 미네랄이 혈액순환을 부드럽게 해서 냉 · 대하증 개선에 효과적이다.

::재료(2인분)

브로콜리 100g, 당근 50g, 바나나 1개, 우유 350㎖, 꿀 2작은술

::만드는 법

① 브로콜리는 송이를 적당히 나눈 후 끓는 물에 살짝 데친다. 당근과 바나나는 껍질을 벗긴다.

② 이들 재료를 3×3㎝ 정도의 크기로 잘라서 한꺼번에 믹서기에 넣고 3~4분 동안 간다.

알아두면 좋아요!

부기를 가라앉히는 주스!

신장이 좋지 않거나 임신 중일 때에도 몸에 부기는 쉽게 가라앉지 않는다. 특히 신장이 좋지 않으면 소변 배출이 잘 되지 않아 얼굴이나 눈꺼풀이 붓고 머리가 무거운 듯하고 손과 발도 저리면서 붓는 듯하게 된다.

신장은 염분 섭취를 줄이고 이뇨작용을 해주는 식품을 섭취하는 것이 관리의 요령이다. 또한 부기를 가라앉히는 음식을 섭취하는 것도 하나의 요령인데 호박, 오이, 수박, 미나리 등이 대표적이다.

Easy Make Sweat Juice

주스 만들기에 필요한 기구

주서기

모든 주스 만드는 데 가장 일반적으로 사용하는 주방기구로, 모터에 의해 카터(cutter)가 회전하면서 재료를 곱게 갈게 되고, 원심력을 이용해 과즙과 섬유질인 육질과 껍질 등의 찌꺼기를 분리해 낸다. 그래서 과즙은 밑으로 흘러 컵에 모이게 된다. 그러나 바나나, 딸기, 망고, 토마토처럼 끈적거리고 부드러운 재료에는 사용하기가 곤란하다.

뿐만 아니라, 크기와 색상이 다른 다양한 주서기가 현재 많이 판매되고 있는데 주서기와 믹서기 겸용이 인기가 많다고 한다. 지금은 국산제품 중에서도 우수한 중소기업 아이디어 제품들이 많이 판매되고 있다.

믹서기

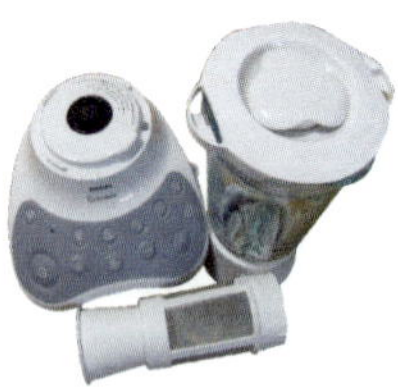

야채와 과일의 섬유질을 버리지 않고 모두 갈아 걸쭉하게 주스를 만들어 마시게 되므로 장이 약하고 변비가 있는 환자에게 편리한 기구이다. 바나나, 딸기, 망고, 토마토 등의 부드럽고 끈적거리는 재료를 사용할 때 편리하게 사용할 수 있는 기구다.

핸드 믹서기(도깨비 방망이)

일상에서 사용하는 어떤 용기든 재료를 넣고 일명 '도깨비 방망이'를 넣어 돌리면 방망이 끝의 칼날이 돌아가면서 믹서기처럼 재료가 잘게 부서진다. 더 곱게 갈려면 시간을 더 주어 돌린다. 사용 후 칼날 부분만 물로 헹구면 되므로 깨끗하고 편리하게 사용할 수 있다. 어떤 제품은 칼날부분만 바꾸어 끼우면 반죽기, 거품기 등의 다양한 용도로 사용이 가능하여 편리하다.

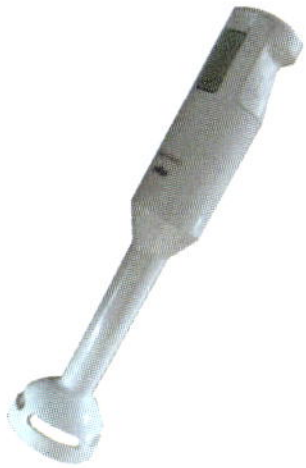

핸드 주서기

지렛대 원리를 이용하여 과즙을 수동으로 짜는 기구로, 주서기보다 쉽게 사용할 수 있으며 사용 후 청소와 보관이 편리한 장점이 있다. 하지만 일반 과일과 채소에는 사용이 어려우며 레몬, 오렌지 등의 감귤류를 이용하여 주스를 만들 때 편리하게 사용할 수 있다.

스퀴저

레몬이나 자몽 등의 감귤류 즙을 짜는 가장 간단한 기구로, 플라스틱, 유리, 도자기, 스테인레스와 같은 다양한 재질의 제품들이 여러 유형의 크기와 색상으로 판매되고 있으며 가격 차이도 매우 큰 편이다. 또한 사용법은 모두 같지만 어떤 제품의 경우에는 씨를 걸러주는 것도 있다.

강판

사과, 배, 오이처럼 갈아서 바로 먹을 수 있는 재료를 주스로 만들거나 요리할 때 주로 이용되는 가장 간단하고 편리한 기구이다. 강판의 소재는 세라믹, 알루미늄, 플라스틱, 스테인레스 등 다양한 제품들이 판매되고 있으며 강판 밑에 즙이 받아지는 받침이 있는 편리한 모델도 있다.

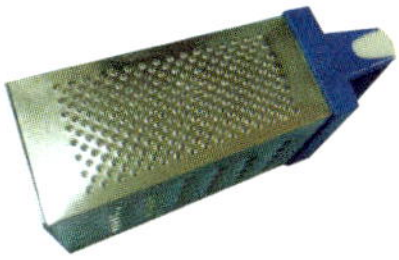

신선한 과일 · 채소 고르기와 밑손질

신선한 제철식품으로 가능하면 국내산 유기농 과일과 채소가 좋다

과일

오렌지

비타민 C와 바이오플라보노이드(Bioflavonoids)가 다량 함유되어 면역증진에 탁월한 효능이 있으며, 뿐만 아니라 섬유질과 무기질이 풍부하며 정화작용과 변비에도 좋은 작용을 한다고 알려져 있다. 특히 비타민 C는 멜라닌 색소를 억제하여 피부를 희고 부드럽게 가꾸어준다. 자몽과 같이 중과피에 바이오플라보노이드가 다량 함유되어 있으므로 가능하면 시트러스 프레스 사용보다는 껍질을 벗기고 적당한 크기로 잘라서 주서기나 믹서기를 이용하면 더 효과적이다.

• **밑손질_** 주서기로 갈려면 껍질을 벗기고 약 3×3㎝의 적당한 크기로 자르며 즙을 내려면 반으로 자른다.

사과

사과는 비타민, 무기질, 사과산 및 섬유소 등의 건강에 좋은 성분들을 많이 함유하고 있다. 그리고 해독작용과 혈중 콜레스테롤 저하에 탁월한 효능이 있으며 소화와 피부미용에도 좋은 효과를 보이는 것으로 알려져 있다. 특히 사과에 포함된 펙틴이나 폴리페놀은 열매보다 껍질에 많으므로 무농약 유기농 사과일 경우에는 껍질을 벗기지 않고 이용하면 좋다.

• **밑손질_** 껍질에 잔류되어 있는 농약이 있을 수 있으므로 과일채소용 천연세제를 이용하여 잘 씻고 꼭지를 제거한 후, 가운데 씨를 제거하고 3×3㎝ 크기 정도로 적당히 잘라 믹서기에 넣고 간다.

자몽(그레이프프루트)

자몽은 흰색, 분홍색, 붉은색 순으로 당도가 높아지며 비타민 C가 풍부하여 면역력 증강에 탁월한 효과가 있다. 특히 중과피에는 비타민 C와 함께 강력한 산화방지제인 바이오플라보노이드가 다량 함유되어 있으므로 주스를 만들 때 벗기지 않는 것이 좋다. 그러므로 시트러스 프레스를 사용하여 과즙을 짜게 되면 편리하고 더 많은 과즙을 얻을 수 있지만 중과피를 사용할 수 없으므로 믹서기나 주서기를 이용하는 것이 좋다.

• **밑손질_** 물로 씻은 후 껍질을 벗기고 약 3×3㎝ 정도의 적당한 크기로 자른다. 즙을 짜려면 반으로 자른다.

복숭아

β(베타)-카로틴이 풍부하여 폐, 피부 및 소화기능 등의 강화에 도움을 준다. 복숭아는 색상이 다양하여 무른 정도와 향으로 고르는 것이 바람직한데, 좋은 복숭아는 누를 때 부드럽게 들어가며 달콤한 향이 나지만 덜 익은 과일은 딱딱하고 향이 약하다. 그리고 잘 익은 복숭아는 향과 맛이 좋아 다른 과일과 혼합하여 주스를 만들 때 자주 사용된다.

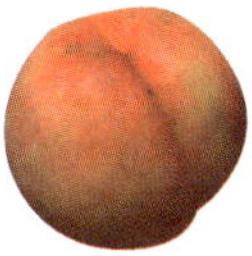

• **밑손질_** 표면에 붙어 있는 털을 과일채소용 천연세제를 이용하여 깨끗이 씻은 후, 반으로 잘라 씨를 제거하고 적당한 크기로 잘라 사용한다.

살구

누를 때 약간 들어가고 달콤한 향이 나는 살구가 맛이 좋은데 잘 익은 살구는 β-카로틴이 풍부하고 맛과 향도 좋다.

• **밑손질_** 과일채소용 천연세제를 이용하여 깨끗이 씻은 후, 반으로 잘라 씨를 제거하고 적당한 크기로 잘라 사용한다.

체리

알칼리성 식품인 체리는 산화방지에 좋은 영양소가 매우 풍부하다. 그 중에서도 특히 관절염과 통풍에 효과가 있는 것으로 알려져 있다. 그러므로 씨가 있고 신선한 체리를 얻으려면 제철이 아니고는 어렵다. 그래서 보통의 경우에는 판매되고 있는 통조림 · 병조림 체리를 주로 이용하고 있다.

• **밑손질_** 과일채소용 천연세제를 이용하여 깨끗이 씻은 후, 얇게 반으로 갈라 씨를 제거한다.

배

우리나라 배는 당도도 높고 즙이 많아 주스용으로도 매우 좋다. 특히 정화작용과 소화작용을 원활하게 한다. 그리고 각종 비타민, 무기질 그리고 섬유질이 풍부할 뿐만 아니라 기관지와 폐가 약한 사람에 효과적이며 감기 예방에도 도움이 된다.

• **밑손질_** 주스를 만들려면 천연세제를 이용하여 깨끗이 씻은 후 꼭지와 껍질을 제거하고 적당한 크기로 잘라 주서기에 넣는다. 그러나 믹서기를 이용하여 과육까지 스무디를 만들 경우에는 껍질과 속을 제거하고 적당한 크기(3×3㎝ 정도)로 잘라서 이용한다.

파인애플

과일 중에서 가장 많은 비타민 C를 함유하고 있고 섬유질과 비타민 B군이 풍부하며 무기질과 브로멜라인이라는 알칼리 성분이 특히 풍부하다. 브로멜라인은 소화를 촉진하며 관절염과 같은 몸의 염증을 줄이는 데 탁월한 작용을 한다. 진한 노란색의 밑부분에서 달콤한 향기가 나는 파인애플을 선택하면 좋다.

• **밑손질_** 과일의 위아래를 먼저 잘라낸 후, 옆 부분을 두껍게 잘라내어 껍질을 제거한다. 주서기가 아닌 믹서기를 이용하여 주스를 만들 때는 껍질이 남아있지 않게 깨끗이 제거한 후 약 3×3㎝ 정도의 적당한 크기로 잘라서 사용하면 좋다.

바나나

종합 영양소라고 할 수 있을 만큼 탄수화물뿐만 아니라 섬유소, 비타민, 무기질 등이 매우 풍부한 영양보충 과일로써 적합하며 피곤하거나 아플 때, 식사 대용으로 좋다. 믹서기를 이용해서 스무디나 혼합음료로서 주스를 만들기에 매우 좋다. 특히 노란색의 잘 익은 바나나가 영양과 맛이 풍부하며 주스용으로 적합하다.

• **밑손질_** 바나나는 냉장고에 보관하지 않고 햇볕이 들지 않는 서늘한 곳에 보관한다. 연두색이 남아 있는 조금 덜 익은 바나나는 약간 단단하며 당도가 떨어지므로 맛과 영양가 면에서도 잘 익은 상태에서 섭취하면 더 효과적이다. 주스를 만들 때는 껍질을 벗기고 적당한 크기로 잘라서 이용한다.

망고

망고를 고를 때는 만져서 살짝 눌러지는 듯한 느낌이면서 달콤한 향기가 나는 망고를 선택하는 것이 좋다. 또한 색상은 다양하여 잘 익은 상태에서도 어떤 경우에는 녹색을 띠고 있다. 특히 망고는 β-카로틴과 마그네슘과 같은 무기질이 풍부하다.

• **밑손질_** 잘 익은 망고는 껍질이 손으로도 잘 벗겨지지만 그렇지 않는 경우에는 칼로 벗겨 내야 한다. 또한 가운데 납작하고 큰 씨가 있으므로 제거한 후 과육을 적당한 크기로 잘라 사용한다. 주서기보다는 믹서기를 이용하여 스무디를 만들거나 혹은 다른 과일이나 채소 등과 혼합하여 주스를 만들면 더 효과적으로 먹을 수 있다.

파파야

파파야는 종류가 다양하며 소화작용을 도와주는 β-카로틴과 효소, 비타민 C 그리고 섬유질이 매우 풍부하다. 잘 익은 파파야는 황색을 띠며 바나나처럼 부드럽게 눌러져서 손질하기 쉬운 과일이다.

• **밑손질_** 칼로 껍질을 벗기고 반으로 잘라 속에 많이 들어 있는 작은 둥근 씨앗을 제거한 후 3×3㎝의 적당한 크기로 잘라서 믹서기를 이용하여 주스를 만들면 좋다.

수박

수박은 수분과 무기질이 풍부하며 소화가 잘 된다. 붉은색의 과육에는 β-카로틴이 풍부하며 무기질 역시 풍부하여 훌륭한 정화제 역할을 한다. 또한 믹서기에 수박씨까지 함께 넣고 갈면 아연과 비타민 E를 더 많이 섭취할 수 있다. 수박을 고를 때는 속이 꽉 차서 무겁고 두드렸을 때 속이 빈 것처럼 맑은 소리를 내는 것을 선택하면 좋다.

딸기

딸기는 비타민 C가 풍부하며 몸에 좋은 무기질 및 특히 뼈와 이에 좋은 칼슘이 다량 함유되어 있으므로 큼직한 딸기 7개면 하루에 필요한 비타민 C를 충분히 보충할 수 있다.

• **밑손질_** 유기농에 의해 재배되지 않은 딸기는 과일채소용 천연세제를 이용하여 잘 씻은 후 꼭지를 제거하여 사용한다.

포도

알칼리성의 영양이 풍부한 포도는 정화작용의 효과가 있으며, 포도 주스는 다이어트뿐만 아니라 만성질환을 치료하는 데도 효과가 있다. 특히 적포도는 산화방지 효과가 탁월하며 심장병 예방에도 도움이 된다.

• **밑손질_** 농약을 하지 않고 재배한 경우에는 물로 깨끗이 씻어서 사용하면 되지만 일반 포도의 경우에는 과일채소용 천연 무공해세제를 이용하여 송이 그대로 잘 씻은 후 포도 알을 줄기에서 딴 다음 다시 물에 가볍게 헹궈서 사용하면 좋다.

키위

키위는 비타민 C가 풍부하며 몸에 좋은 무기질, 특히 칼륨이 풍부하다. 맛과 영양이 풍부한 키위는 손으로 만질 때 약간 눌리며 아세톤 향이 날 때가 먹기에 가장 적합한 시기이다. 그리고 키위는 단백질 분해 효과가 뛰어나 식사 후 소화에 도움을 주며 특히 육류 요리를 할 때 첨가하면 고기가 부드러워진다.

• **밑손질_** 껍질을 벗긴 후 3×3㎝ 정도의 적당한 크기로 잘라서 사용한다.

레몬

레몬은 매우 신맛이 강하므로 다른 재료에 레몬즙을 첨가하면 당도나 짠맛을 완화하여 맛과 향이 매우 좋은 주스를 만들 수 있다. 특히 비타민 C, 바이오플라보노이드, 무기질과 칼륨이 풍부하여 피로회복과 감기 예방, 피부미용에 좋은 효과가 있다.

• **밑손질_** 주서기나 믹서기를 이용하여 주스를 만들 때는 껍질을 벗기고 과육을 약 3×3㎝ 크기로 자른다. 만약 레몬즙을 필요로 할 때는 반으로 잘라 스퀴저를 이용한다.

라임

라임은 덜 익은 초록색 탱자와 비슷하며 레몬과 유사한 영양성분을 함유하고 있다. 구하기 힘들 땐 레몬을 사용하기도 한다.

• **밑손질_** 레몬과 같이 주서기를 이용하여 주스를 만들 때는 껍질을 벗기고 과육을 적당한 크기로 자르며 즙을 이용할 때는 반으로 잘라 스퀴저를 이용한다.

귤

오렌지와 유사하지만 당도가 더 높고 과피와 과육이 훨씬 부드러우며 기본적인 오렌지 주스보다 더 상큼하고 맛도 좋다.

• **밑손질_** 주서기를 이용하려면 껍질을 벗기고 보통 4등분 정도로 자른다. 그러나 즙을 내고자 할 때는 반으로 자른 후 스퀴저를 이용하면 편리하다.

대부분의 채소는 한 가지 재료를 이용하여 주스를 만들 경우 맛이 강해서 먹기 곤란하다. 그러므로 몇 가지 과일이나 채소류 등의 재료와 함께 주스를 만들게 되면 맛과 영양을 높일 수 있어서 효과적이다.

채소

당근

산화방지제인 β-카로틴과 비타민, 무기질이 풍부한 당근주스는 채소 중에서 가장 맛이 좋은 주스다. 당근주스는 면역증진과 피부를 맑게 하며 소화작용을 원활하게 해준다. 특히 β-카로틴은 머리카락과 피부를 건강하게 해준다. 그러나 당근에는 비타민 C 파괴 효소가 들어 있으므로 레몬처럼 비타민 C가 풍부한 과일을 첨가하면 좋다.

• **밑손질_** 당근은 껍질을 벗기지 않고 겉에 묻어 있는 흙만 잘 씻어낸 후 위, 아래, 끝을 잘라내고 약 3×3㎝ 정도의 적당한 크기로 잘라서 이용한다.

오이

담백하고 상큼한 맛의 오이는 무기질과 수분을 다량 함유하고 있으며 최상의 자연 이뇨제이다. 간경변증 환자의 경우 복수나 부종이 있을 때도 물보다 오이즙을 마시게 하는 것이 좋다. 단단하고 고르며 빛깔이 진하고 표면에 가시가 붙어 있으면 신선하고 질이 좋은 오이다.

• **밑손질_** 깨끗이 씻은 후 약 3×3㎝ 크기로 잘라서 이용한다.

물냉이(크레송)

염록소와 황 성분이 다량 함유되어 정화작용을 한다. 특히 소화작용, 피부미용, 혈액순환 그리고 방광염 등에 효과가 있어서 만능주스라고 한다. 물냉이는 맛이 강하여 다른 주스와 혼합하면 맛이 더 좋아진다. 진한 녹색의 잎을 선택하며 구하기 어려울 때는 무청을 이용해도 좋다.

• **밑손질_** 식초나 천연 베이킹파우다를 물에 희석하여 깨끗이 씻고 적당한 크기로 자른다.

브로콜리

비타민 C가 레몬의 2배, 감자의 7배 그 외에 비타민 A · B_1 · B_2 · K와 칼륨 · 철분 · 인 · 칼슘 등의 미네랄이 풍부하여 산화방지, 정화작용, 피부노화방지와 인체 면역력을 높여 준다. 브로콜리는 촘촘하고 머리 부위가 진한 녹색을 고르면 신선하고 영양가도 높다.

양배추

특별한 맛이 없어 주스 재료로는 부적합하지만 건강에 꼭 필요한 영양소들이 풍부하여 다른 재료와 함께 주스를 만들어 마시면 좋다. 양배추에는 비타민과 무기질, 항암작용을 하는 성분이 풍부하며 위궤양을 비롯하여 위장장애 개선에 매우 큰 영향을 미친다. 특히 양배추잎 5장이면 하루 권장량의 비타민 C를 충분히 섭취할 수 있다.

• **밑손질_** 겉잎을 제거한 후 적당한 크기로 자른다.

양파

신진대사를 촉진하는 양파는 특유의 매운맛을 내는 유화알린의 성분이 있는데 이 성분이 신진대사를 촉진하며 혈중 콜레스테롤 저하와 뇌졸중, 심근경색, 동맥경화를 예방한다. 또한 피로, 식욕부진, 불면, 신경불안정을 개선하며 정력감퇴를 막는 데도 효과적이다. 또한 당뇨병의 예방과 치료에도 도움이 된다.

• **밑손질_** 갈색의 마른 껍질과 뿌리를 제거하고 물로 씻은 후 적당한 크기로 잘라서 믹서기나 주서기를 이용하여 주스를 만든다.

연근

비타민 C가 풍부하여 감기와 기침, 가래를 억제하는 데 효과가 있다. 특히 연근에는 비타민 B_{12}, 타닌, 철분 등이 풍부하여 소염작용이 뛰어나 위궤양이나 십이지장 궤양, 코피에 탁월한 효과가 있다. 또한 신경의 피로회복 효과가 있어서 스트레스성 불면증과 자율신경 불안증에도 효과가 있다.

• **밑손질_** 구멍 사이에 흙이 있을 수 있으므로 수돗물을 세게 틀어 깨끗이 씻고 껍질을 제거한 후 적당한 크기로 잘라서 이용한다.

파슬리

짙은 녹색이 좋으며 소화작용과 정화작용이 뛰어나며 일반적으로 다량의 비타민과 무기질을 몸에 공급한다.

양상추

무기질과 비타민이 풍부한 양상추는 영양소와 다량의 수분이 조화를 이루고 있어 정화작용이 뛰어나다.

특히 진정작용이 우수하여 이완제나 수면제로써 주스에 첨가하면 좋다.

마

소화효소인 디아스타제의 함량이 무의 3배 정도나 높게 들어 있으며 미네랄 또한 풍부하여 신진대사를 원활하게 할 뿐만 아니라, 강장 · 강정작용의 효과가 탁월하다. 간 마즙의 끈적끈적한 점액질에는 사포닌과 아르기닌이 들어 있어서 호르몬 분비를 촉진하여 스태미나를 좋게 하며 무엇보다도 콜레스테롤을 제거하여 고혈압과 동맥경화 예방에 크게 도움이 된다.

• **밑손질_** 물로 씻은 후 칼로 껍질을 벗겨서 적당한 크기로 자른다.

케일

케일은 비타민 A · C, 무기질과 산화방지 영양소가 풍부하여 정화작용, 면역강화, 피부질환 치료, 뼈 형성 등 일반적으로 모든 건강에 좋은 다재다능한 식품이다.

• **밑손질_** 깨끗이 씻은 후 적당한 크기로 자른다.

감자

칼륨이 풍부하여 몸 속의 불필요한 염분을 제거해주며 '생감자주스'를 꾸준히 마시면 고혈압, 위궤양, 신장병 개선에 도움이 된다. 또한 어린이의 영양부족과 설사, 충치 예방에도 효과가 있으며 체지방과 부기를 내려주는 데 효과가 있어서 비만 예방과 개선에 도움이 된다.

• **밑손질_** 감자는 껍질을 벗기거나 갈아 놓으면 색이 갈색으로 변하므로 갈아서 바로 먹어야 한다.

시금치

조혈작용을 돕는 시금치는 비타민 C, β-카로틴, 철 등이 풍부하여 정화작용과 건강을 되찾게 하는 회생력을 가지고 있다. 특히 소화기계, 순환기계 등을 조절해 준다. 하지만 옥살산이 다량 함유되어 칼슘 흡수를 방해하므로 시금치주스는 적게 섭취해야 하며 작고 밝은 색 잎이 좋다.

고구마

소화가 잘되고 섬유질이 풍부하여 대장운동을 도와 변비와 대장암 예방에 도움이 되며 폐암과 위암에도 효과가 있다. 다량의 β-카로틴의 원천이 되기도 한다. 또 칼슘도 풍부해서 불필요한 염분을 소변과 함께 배출시키므로 각종 성인병을 예방하는 데 도움이 된다. 아울러 고구마는 산성체질을 알칼리성으로 개선하는 데 효과가 있다.

• **밑손질_** 깨끗이 씻은 후 껍질을 벗기고 적당한 크기로 자른다.

무

비타민 A · B · C 외에 디아스타제 등의 효소와 섬유질이 풍부해서 소화작용과 위장강화에 도움이 된다. 기침을 억제하는 탁월한 효과와 감기 및 두통 등의 증상에도 효과가 있다. 또한 담배의 니코틴 성분을 제거하는 특성이 있어 흡연가들에게 크게 도움이 되며 몸을 냉하게 하는 성질이 있으므로 더위를 먹었거나 과음을 했을 때, 속이 쓰린 경우에 무주스를 마시면 크게 도움이 된다.

토마토

토마토는 과일에 속하지만 당도가 낮아 일반적으로 채소로 분류되며 강력한 산화방지제인 리코핀이 다량 함유되어 있으므로 피부와 소화기계, 간 및 전립선 질환에 크게 효과가 있다. 특히 잘 익은 빨간 토마토에 리코핀이 다량 함유되어 있다. 토마토는 끓는 물에 살짝 데치고 껍질을 벗기면 영양가도 높아지고 주스가 부드러워질 뿐만 아니라 색이 더 진해져 맛있게 보인다.

• **밑손질_** 깨끗이 씻은 후 끓는 물에 1~2분 동안 삶아 껍질을 벗긴 후 적당한 크기로 자른다.

비트

비타민과 무기질이 매우 풍부하며 주스에서 다소 흙 냄새가 나는 것이 단점이다. 하지만 정화작용, 보혈작용, 강장작용에 뛰어난 효능이 있다.

• **밑손질_** 위 · 아래 부분을 제거하고 물로 깨끗이 씻은 후 적당한 크기로 자른다.

셀러리

셀러리는 독특한 강한 향을 지니고 있으므로 좋아하지 않는 경우에는 먹기가 힘들 수도 있기 때문에 다른 채소나 과일과 함께 주스를 만드는 것도 좋은 방법이다. 특히 셀러리 향은 진정작용이 탁월하며 그 외에 정화작용도 우수하여 주스를 계속 섭취할 경우 이뇨작용이 원활하게 이루어진다. 고를 때는 진한 녹색의 구부러지지 않은 빳빳한 줄기를 선택하며 잎과 줄기를 모두 이용한다.

• **밑손질_** 줄기를 잘 문질러 흐르는 물에 깨끗이 씻는다.

피망

붉은색, 노란색, 녹색 및 주황색 등의 다양한 색을 띠고 있는 피망은 단맛과 약간 매운맛을 동시에 가지고 있어서 주스의 맛을 한층 더 좋게 해준다. 특히 비타민 C와 β-카로틴 및 산화방지제가 매우 풍부함은 물론 혈액순환에 효과적인 '피라딘'이라는 성분이 있어서 신진대사를 촉진한다.

• **밑손질_** 잘 씻은 후 반으로 잘라 씨를 도려낸 후 적당한 크기로 자른다.

민트

상쾌한 냄새가 나는 허브식물로 기분전환과 진정작용을 한다. 특히 소화작용을 강화시키고 메스꺼움과 복통을 줄여주는 작용을 한다. 아울러 민트는 호흡기관의 응혈을 완화시키는 데 효과가 있다. 고를 때는 신선하고 진한 녹색 잎을 고른다.

• **밑손질_** 깨끗하게 씻은 후 물기를 뺀다.

생강

예로부터 우리 선조들이 민간요법으로 많이 이용해 온 생강은 소화작용과 혈액순환을 도와주는 식품으로 많이 애용되어 왔다. 특히 속이 메스꺼움, 감기 등으로 인하여 목이 아프거나 몸에 염증이 발생하였을 때 이를 완화시키는 데 큰 효과가 있다.

• **밑손질_** 깨끗하게 씻은 후 껍질을 벗기고 적당한 크기로 자른다.

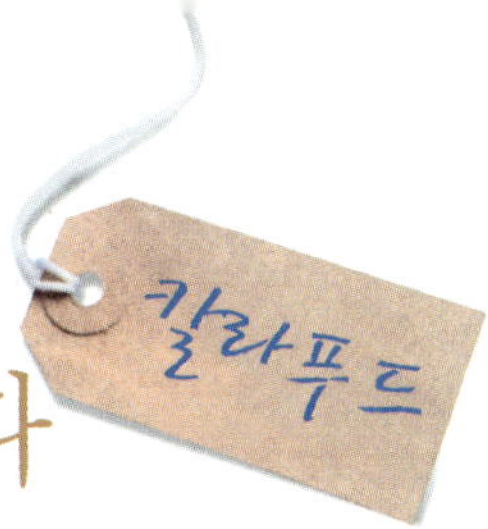

색깔별로 분류되는 식품이 건강을 개선한다

최근 '파이토케미컬'이라는 식물 속에 들어있는 화학물질이 몸의 기능을 정상화하고, 성인병 및 암 예방에 탁월한 효과를 가지고 있다는 보고가 발표되면서 칼라푸드의 관심이 높아지고 있다. 칼라푸드라고 불리는 것은 '파이토케미컬'이라는 성분이 야채·과일 등에 들어 있는 적색·황색·녹색·흰색 등의 색소 성분이기 때문인데 토마토는 빨간색을, 자몽·호박은 노란색을 나타내는 것이 대표적이다.
이것은 한의학의 음양오행을 이용한 다섯 가지의 색깔과 맛, 그리고 오장육부의 건강이 서로 밀접한 관계가 있다는 기록과 일맥상통하는 것으로 칼라푸드의 올바른 활용만으로도 가족의 건강을 지킬 수 있는 좋은 방법이 될 수 있다.

칼라푸드 ① Red

칼라푸드 중에 붉은색을 나타내는 식품은 암을 예방하는 데 탁월한 효과를 가지고 있다. 대표적인 식품으로는 토마토, 사과, 대추, 딸기, 수박, 팥 등이 있다.
이런 붉은색 식품은 우리 몸 안에서 활성산소를 제거하고 암 유발 성분을 제거하는 폴리페놀 성분이 있어 동맥경화 및 암 예방에 효과적이다.
토마토에 들어있는 리코펜은 암세포 성장 억제 효과가 β-카로틴보다 월등히 뛰어난 것으로 알려져 있다. 특히 폐암 예방에 탁월하며 노화방지에도 도움이 된다.
이런 붉은색 과일은 아침에 먹는 것이 가장 효과적인데 과일의 비타민 B군과 C군이 간에서 활성화하는 데 최소 4~5시간 정도 걸리므로 제대로 비타민 효과를 보기 위해서이다.

붉은색 칼라푸드를 이용한 요리 _ 토마토 컵샐러드

- **재료 :** 토마토 5개, 사과 1/2개, 오이 1/2개, 파인애플 100g, 건포도 1큰술, 플레인 요구르트 3큰술, 꿀 1큰술, 소금, 후추
- **방법 :**

① 사과와 파인애플은 껍질을 벗긴 후 작게 썰고, 토마토는 위쪽을 뚜껑 모양으로 잘라 속을 스푼으로 파낸다.

② 커다란 그릇에 요구르트와 꿀을 넣고 잘 섞은 후 썰어 놓은 사과와 파인애플, 오이를 넣어서 섞는다.

③ 소금과 후추가루를 넣어 잘 버무린 후 속을 파낸 토마토에 넣고 건포도를 올려 접시에 담아낸다.

칼라푸드 ② Yellow

호박, 파인애플, 망고, 파파야, 오렌지, 귤 등은 황색을 대표하는 칼라푸드이다. 파파야, 망고 등에는 β-카로틴이라는 물질이 들어 있는데 심장질환을 예방하는 효과가 있다. β-카로틴은 체내에 흡수되어 비타민 A로 변해 면역 반응 등에 관여하며 동맥경화, 백내장, 암 등을 예방하는 데 도움을 준다.

플라보노이드가 풍부한 오렌지는 피부 노화를 방지하고 비타민 C가 많은 귤이나 레몬은 콜레스테롤을 저하시키는 효과를 볼 수 있다. 귤 3개 정도면 충분한 양을 공급받을 수 있다.

노란색 칼라푸드를 이용한 요리 _ 단호박크로켓

• 재료 : 단호박 1개, 당근 30g, 양배추 50g, 양파 50g, 빵가루 1컵, 달걀 2개, 밥 1/2컵, 밀가루, 너트멕, 후추가루, 튀김가루, 사우전 아일랜드 드레싱 약간, 소금 약간

• 방법 :

① 단호박은 큼직하게 잘라 찜통에 쪄낸 후 껍질만 남기고 모두 긁어낸다.

② 손질한 양파, 당근, 양배추는 채썰어 볶으면서 소금으로 간을 한다.

③ 호박에 ②의 손질한 야채를 넣은 후 밥과 후추가루, 소금, 너트멕을 넣어 잘 치댄 뒤 원형모양으로 예쁘게 빚는다.

④ 빚어놓은 것을 밀가루, 달걀 푼 물, 빵가루 순으로 입혀 170℃ 정도의 튀김기름에 노릇하게 튀겨낸다. 소스는 사우전 아일랜드 드레싱을 곁들여 낸다.

• TIP : 사우전 아일랜드 드레싱과 너트멕은 시중에서 쉽게 구할 수 있다.

칼라푸드 ③ Green

녹색은 마음을 편안하게 진정시키는 색으로 가장 강한 치료 효과를 가지고 있다. 대표적인 식품으로는 오이, 시금치, 브로콜리, 양배추, 아스파라거스 등이 있다.

녹색 칼라푸드는 간 기능을 도와주며 해독 작용도 강하다. 또한 피로를 풀어주는 엽록소가 풍부해 자연 치유력을 높이는 데도 탁월한 효과를 볼 수 있다. 게다가 혈압과 혈중 콜레스테롤 수치를 낮추기도 하고 양배추, 브로콜리 등에 함유되어 있는 '인돌'이라는 성분은 항암 작용과 간의 독소를 빼내는 작용을 한다.

이런 녹색 푸드를 꾸준히 먹고 마시면 간 기능을 높일 수 있는데 씁쓸한 맛 때문에 먹기가 힘들다면 토마토나 포도 등 다른 식품과 함께 혼합하여 먹으면 더욱 좋다.

녹색 칼라푸드를 이용한 요리 _ 아스파라거스 죽

- **재료 :** 멥쌀 1/2컵, 아스파라거스 3개, 파슬리 가루 또는 통깨 약간, 소금 · 후추 약간
- **방법 :**

① 멥쌀은 씻어 잠시 물에 담가 불린다.

② 아스파라거스는 줄기의 마디를 잘라낸 후 끓는 물에 굵은 소금을 조금 넣어 파랗게 데친 후 찬물에 헹궈 건져낸다.

③ 불린 쌀과 아스파라거스를 믹서에 넣고 으깨어 부드럽게 만든 후 냄비에 옮겨 적당량의 물을 붓고 끓여 준다. 소금으로 간을 한 후 그릇에 담아 낸다.

칼라푸드 ④ Violet

보라색을 상징하는 대표적인 칼라푸드에는 포도, 가지, 고구마, 블루베리 등이 있는데 이런 식품들에는 '안토시아닌'이라는 성분이 다량 함유되어 있다. '안토시아닌'은 동맥에 침전물이 생기는 것을 막아 피를 맑게 하며 뇌졸중의 위험을 감소시킨다.

또한 빛의 자극을 전달하는 '로돕신'의 재합성을 촉진하기 때문에 시력 회복에 우수한 효과를 나타낸다. 특히, 포도의 경우 하루 한 잔 정도 주스를 마셔도 좋지만, 포도주를 이용하는 것도 좋은 방법이다. 이때 치즈를 곁들이면 치즈에 있는 양질의 아미노산이 간의 활동을 돕고 알콜 분해를 촉진하다. 프랑스인들의 경우 심장병으로 인한 사망률이 낮은 이유도 포도주 때문이라는 이야기와 일맥상통하는 부분이다.

보라색 칼라푸드를 이용한 요리 _ 고구마 구이

- **재료** : 고구마 5개, 버터 3큰술, 설탕 3큰술, 우유 3큰술, 소금 약간, 달걀 노른자 2개분, 계피가루 조금
- **방법** :

① 껍질부분은 떫은 맛이 나므로 껍질을 두껍게 벗겨 낸 다음 1㎝ 두께로 썬다. 써는 즉시 찬물에 담가 떫은 맛을 우려내고 찜통에서 푹 삶아낸 후 냄비에 담고 약한 불에서 덩어리 없이 곱게 으깬다.

② 으깬 고구마에 설탕, 우유, 버터를 넣고 고루 섞은 다음 불을 끈다. 달걀 노른자 1개와 소금, 계피가루를 넣고 다시 한 번 고루 섞어준다.

③ 고구마 반죽을 2~3숟갈씩 떠서 고구마를 갸름하게 뭉친다. 오븐팬에 은박지를 깔고 뭉친 고구마를 나란히 올려 놓고 12~13분간 굽는다.

④ 구워진 고구마의 표면에 노른자를 골고루 바르고 윤기나게 다시 한 번 살짝 구워 낸다.

칼라푸드 ⑤ Black

옛날에는 검은색 음식은 부패하거나 식욕을 떨어뜨린다 하여 환영받지 못하였으나 지금은 보라색 식품과 마찬가지로 암과 심장병을 예방하고 눈의 피로를 덜어주는 '안토시아닌' 성분이 풍부한 식품으로 알려져 있다.

검은쌀의 경우 단백질, 무기질, 아미노산 등이 풍부하여 노화 방지 및 변비 예방에 효과적이며 검은깨는 두피에 영양을 주는 '케라틴'을 함유하고 있다.

검은콩의 경우엔 '사포닌' 성분이 들어 있어 혈액순환을 좋게 하며 골다공증을 예방하는 데 효과가 있다. 대표적인 식품으로는 검은쌀, 검은콩, 검은깨, 미역, 다시마, 오징어 먹물 등이 있다.

검은색 칼라푸드를 이용한 요리 _ 검은콩 찰떡

• **재료 :** 검은콩 1컵, 찹쌀가루 4컵, 설탕 1/2컵, 물 1/4컵, 소금 약간

• **방법 :**

① 검은콩은 깨끗이 씻어 2시간 정도 불린다.

② 찹쌀가루에 소금과 물을 넣고 비벼 체에 내린다

③ 체에 내린 찹쌀가루에 불려놓은 검은콩을 섞어 시루에 넣은 후 면보를 덮어 김이 오른 찜기에서 20분간 쪄낸다.

칼라푸드 ⑥ White

흰색 칼라푸드의 대표적인 식품이 마늘이다. 마늘은 10여 년 전부터 항암식품으로 주목을 받아 왔다. 그 외 대표식품으로는 버섯, 도라지, 생강, 무, 배 등이 있다.

버섯에 들어 있는 '글루칸'이라는 성분은 항암효과를 내며 항암 치료 중 나타나는 구토, 설사 등의 증상을 완화시키는 데도 좋은 효과를 나타낸다. 도라지, 무, 배 등은 폐와 기관지에 좋은데 겨울에 배와 꿀을 함께 끓여 먹는 민간요법은 여기에서 기인한다.

배와 백도와 같은 흰색 과일은 콜레스테롤 수치를 낮추고 심장병을 예방한다. 또한 흰색을 만들어 내는 '안토크산틴'이라는 성분은 구조에 따라 여러 성분으로 분류되는데 그 중 '이소플라본'이 여성 호르몬인 에스트로겐의 효과를 내기 때문에 여성들에게 특히 좋은 식품이다.

흰색 칼라푸드를 이용한 요리 _ 버섯잡채

• **재료 :** 표고버섯 10장, 느타리버섯 100g, 팽이버섯 100g, 소고기 100g, 피망 1개, 진간장 1큰술, 참기름, 소금, 식용유 3큰술
(소고기 양념 : 다진 파 · 마늘 2큰술, 진간장 1큰술, 참기름, 깨소금, 후추가루)

• **방법 :**

① 소고기는 5㎝ 길이로 채썰어 갖은 양념을 해서 재어두고, 표고버섯은 미지근한 물에 불려 기둥을 떼어내고 물기를 꼭 짠 후에 채썬다.

② 느타리버섯은 끓는 물에 데쳐 물기를 짠 후 찢어 놓고 팽이버섯은 밑둥을 자르고 씻어둔다. 피망은 반으로 갈라 씨를 빼고 채를 썰어 둔다.

③ 프라이팬에 식용유를 두르고 달군 후 밑양념을 한 소고기를 볶다가 버섯들을 넣어 볶고 마지막에 피망을 넣고 볶는다. 진간장으로 간을 맞추고 참기름과 깨소금을 뿌린다.

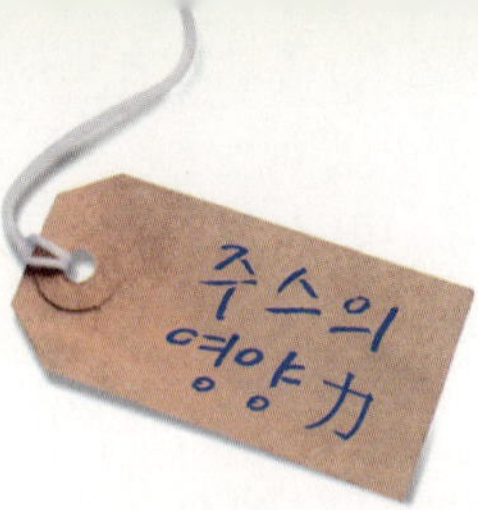

다양한 기능의 영양소

■ 감기를 예방하는 베타카로틴

당근이나 호박과 같이 식물의 붉은 색소에 포함되어 있는 폴리페놀 중의 하나인 베타카로틴(β-카로틴)의 역할이 매우 중요시되는 것은 그것이 우리 몸에 들어와 비타민 A로 변하여 몸의 건강을 위한 다양한 활동을 하기 때문이다.

비타민 A는 감기 바이러스가 우리 몸에 침입하는 것을 방지해줄 뿐만 아니라 눈을 보호하고 머리카락이나 피부 등의 건강을 유지하는 영양소로서 젊음을 유지시키는 역할을 한다. 비타민 A로 변하지 않은 나머지 폴리페놀은 체내에 그대로 남아서 항산화제 역할을 한다. 브로콜리, 케일, 당근, 호박 등에는 β-카로틴이 풍부하게 함유되어 있다.

▶ 항산화 작용이 중요한 이유

항산화(抗酸化)란 인체 내 산화(酸化)를 방지한다는 말이다. 우리 몸 속에는 활성산소라는 좋지 않은 물질이 만들어져서 그로 인해 과산화지질이라는 독성이 만들어지는데 이 독성물질은 우리 몸을 구성하고 있는 세포를 파괴하기 때문에 노화를 야기하고 각종 암과 성인병을 불러일으키는 주범인 셈이다. 활성산소를 없애거나 과산화지질이 생기지 않도록 방지하는 것을 항산화라고 하는데, 항산화작용을 하는 물질로는 폴리페놀과 β-카로틴, 비타민 E 등이 있다.

■ 피부미용과 노화방지에 좋은 비타민 C · E

노화가 진행될 때 모든 사람들에게 공통적으로 나타나는 현상은 입 꼬리가 내려가고 눈이나 입가의 주름들도 쳐지며 이마의 주름은 더욱 선명해진다는 것이다. 아울러 근육이나 뼈도 적당한 자극을 주지 않으면 기능이 퇴화되어 골절이 자주 일어나고 골다공증으로도 이어진다.

이와 같은 노화를 방지함은 물론 피부를 싱그럽게 유지시키는 영양소로는 비타민 C · E가 있다. 먼저 비타민 C는 피부에 탄력을 주며 비타민 E는 노화를 방지한다.

비타민 C는 피부 성분 가운데 하나인 콜라겐 생성에 반드시 필요한 영양소인데 과일이나 야채, 특히 오렌지 · 귤 · 피망 · 브로콜리 등에 다량 함유되어 있다. 비타민 C가 부족할 경우 피부에 탄력이 없어진다.

더구나 비타민 C는 체내에 흡수되어 면역력을 높이는 작용을 하기 때문에 감기나 암 예방에 필수적이다. 아울러 현대인들과 불가분의 관계라고 할 수 있는 스트레스를 해소하는 데도 비타민 C는 필수적이다.

비타민 E는 항산화작용을 하는 영양소 중의 하나로서 아보카도, 호박, 빨간 피망, 무청, 견과류에 많이 함유되어 있는데 활성산소로 인한 노화를 방지하기 때문에 젊음을 되찾아 주는 비타민으로 알려져 있다.

그 밖에도 비타민 E는 암이나 성인병을 예방하며 혈액순환을 돕는 작용을 한다. 노화를 방지하기 위해서는 면역력을 강화시켜서 질병으로부터 몸을 보호하는 것도 필요하다. 면역력을 강화하는 식품으로는 브로콜리와 토마토, 파파야, 망고, 키위, 오렌지 등이다. 뇌를 활성화시켜서 기억력을 증진

시키는 오미자차, 건망증 예방에 좋은 대두, 호도, 파, 건조된 표고버섯 등도 노화를 예방하는 식품이다.

■ 숙취해소에 좋은 주스와 기타 식품들

과음하여 숙취로 괴로울 때는 어떤 것을 먹어야 효과적일까. 숙취란 속이 쓰리고 메슥거리며 어지럼증이 일어나고 두통을 동반하기 때문에 식욕도 없을 뿐만 아니라 보통 괴로운 것이 아니다.

이런 숙취가 일어나는 이유는 알코올 대사 중 발생하는 아세트알데히드라는 유기화학물질 때문이다. 따라서 숙취를 해소하려면 수분이 풍부하고 알코올 분해효소를 함유한 식품을 섭취해서 아세트알데히드를 체외로 배출시켜야 한다.

특히 감은 해독작용이 강하여 술 마시기 전후에 주스로 갈아 마시면 효과가 크다. 배는 해열작용을 하므로 배주스를 마시면 술로 인한 열기를 가라앉힐 수 있다. 칡은 음주로 인한 갈증을 가라앉히는 데 효과적이다. 또한 멜론 · 매실 등도 주스로 갈아 마시면 좋다. 이 밖에도 숙취해소에 좋은 식품은 다양하다.

• **배 + 사과 주스 :** 배는 수분이 많아 갈증을 쉽게 풀어주며 당질, 유기산, 비타민이 풍부하여 술로 인한 독을 해소하는 데 좋다. 해열작용도 뛰어나다. 배와 사과를 2 : 1의 비율로 갈되 고운 망에 걸러 맑은 즙만 받아 마시고 설탕을 타서 시원하게 두었다가 마신다.

• **홍시 주스 :** 가을, 겨울에 먹는 홍시는 몸의 저항력을 높여 감기를 예방하는 과일로 널리 알려졌다. 술로 인해 에너지가 부족해진 몸 속에 영양분을 공급하고 어지럼증을 낫게 한다. 홍시의 껍질을 벗기고 으깬 다음 생수를 붓고 섞은 후에 걸러 꿀을 타서 먹는다.

• **오이 냉즙 :** 오이에는 알코올 분해 효소가 있어서 안주로 먹으면 술이 덜 취하게 하는 효과가 있다. 아울러 해장으로 오이즙을 마시면 속이 개운해진다. 또한 칼로리가 낮아 위에도 부담을 주지 않는다. 특히 소주를 마신 후의 숙취에 효과가 크다.

• **연근즙 :** 비타민 B_{12}가 풍부한 연근은 숙취로 인한 피로를 풀어주며 술을 마셔 불안정해진 신경상태를 원상태로 회복시킨다. 연근을 강판에 갈아 생강즙을 조금 넣어 마시거나 연근을 찧어 따뜻한 물에 타서 마시면 좋다.

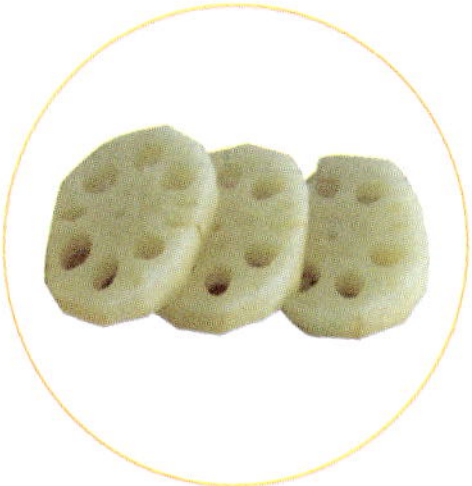

• **녹차 :** 녹차잎이나 녹차 티백을 진하게 우려내서 여러 잔

마시면 숙취해소에 큰 도움이 된다. 타닌, 비타민 B · C와 함께 아세트알데히드를 분해하는 폴리페놀이라는 물질이 함유되어 있기 때문이다. 머리가 맑아지고 속도 편안해진다.

• **꿀물 :** 꿀물은 술을 빨리 깨게 한다. 꿀의 주성분인 과당에 알코올을 제거하는 작용이 있다는 것을 활용한 것이다. 꿀물에 유자청을 넣으면 효과는 배가 되며, 꿀물 대신 보리차에 설탕을 타서 마셔도 비슷한 효과를 볼 수 있다.

• **소금물 :** 굵은 소금을 물에 타서 마시면 숙취해소는 물론 동시에 술로 인한 변비증상을 해결할 수 있다. 굵은 소금 속의 황산 마그네슘이라는 성분이 담즙의 분비를 도와주기 때문이다. 단, 맛소금과 꽃소금은 전혀 효능이 없으므로 주의한다.

숙취 해소 및 암 예방에 좋은 녹차

제2부

태교이유식 만들기

태교에 좋은 음식재료 | 임신 시기별 태교음식 | 임신 증상별 태교음식 | 성장 단계별 이유식

Part 01

태교에 좋은 음식재료

미역, 다시마, 미더덕, 새우, 동태, 검은깨, 검은콩, 밤, 호두, 오징어, 굴, 바지락, 소고기, 고구마, 시금치, 우엉, 두부, 늙은 호박, 들깻잎, 모시조개, 죽순, 마, 잣, 브로콜리, 현미, 바나나, 사과(파란사과), 복숭아

미역

미역은 암세포의 증식을 약화시키는 알긴산을 많이 함유하고 있으며 요오드와 칼슘, 철분 등 무기질의 함량이 높아서 산전 건강관리나 산후 조리 회복식으로 주로 사용된다. 특히 미역에 많이 함유된 요오드 성분은 산모의 수유에도 효과적이며, 태아의 성장을 촉진하고 몸속의 신진대사를 원활하게 해주므로 산전, 산후 어느 때라도 영양 만점의 식품이다. 미역은 심리적으로 불안한 임신 기간 여성의 신경을 안정시키는 데도 효과가 있다.

다시마

미네랄의 보고라고 일컫는 다시마는 미역, 톳 등과 같이 갈조류로 알긴산과 아미노산이 다량 함유되어 있으며 신진대사에 중요한 요오드, 칼슘, 칼륨 등 수많은 미네랄을 함유하고 있다. 임산부의 부기를 가라앉히고 혈액순환을 원활하게 하며 피부미용에 도움을 준다. 또한 양질의 식이 섬유질이 풍부하여 장의 활동을 원활히 하여 대장 기능을 개선하고 임신 기간의 변비를 예방하는 데 도움을 준다. 다시마의 아미노산은 혈압을 낮추는 데도 효과가 크다.

미더덕

미더덕에는 유리아미노산이라는 성분이 많기 때문에 맛이 좋다. 미더덕은 향뿐만 아니라 오도독 씹히는 소리와 함께 입안으로 번지는 맛이 독특하

다. 특히 불포화 지방산인 EPA와 DHA의 조성비가 정어리, 고등어 등의 등 푸른 생선보다 오히려 높아 영양 면에서 우수하다. EPA는 동맥경화, 고혈압 및 뇌출혈의 예방에 좋고 DHA는 뇌 발달을 돕고 학습기능 향상, 혈중 콜레스테롤을 낮출 뿐 아니라 항암작용은 물론 노화억제에도 효과가 크다. 임신 중 태아의 뇌 발달에 도움을 준다.

새우

새우에 함유된 영양성분을 보면 단백질이 가장 많고 지방산, 무기질도 적지 않다. 또한 몸을 따뜻하게 해주고 강장효과가 있어서 산후나 월경 후 여성에게 이롭다. 새우는 우리 몸에 요긴한 필수아미노산 성분들도 듬뿍 들어 있는데 저혈압이나 냉증, 빈혈, 불안 초조감을 개선하는 데도 도움을 준다. 그러나 비린 음식에 알레르기 반응을 보이는 사람에게는 두드러기, 천식, 위통 등이 일어날 수 있으므로 가려먹을 필요가 있다. 새우의 각질 부분에는 키토산이 많아 노화방지 및 인체의 불순물 제거 등에도 탁월한 효과가 있다.

동태

동태(명태)는 지방이 적어 비만 환자나 노인들에게 좋은 식품이며 체중을 관리해야 하는 임신 마지막 달에 효과적이다. 단백질, 지방, 칼슘, 인, 철분 같은 영양성분이 골고루 들어 있으며 특히 명태의 간유에는 대구보다 3배나 많은 비타민 A가 들어 있다. 이 밖에 세포를 발육시키는 데 꼭 필요한 아미노산인 리신과 뇌의 영양소가 되는 트립토판도 함유하고 있어서 태아의 성장, 발달에 도움을 준다.

검은깨

검은깨는 신장을 보(補)하고 기력을 강화시켜 노화를 방지하며 탈모를 막고 흰 머리를 검게 하는 데 효과가 있다. 아울러 질 좋은 단백질과 미네랄이 풍부해 골수와 뇌를 충실하게 하고 오장을 튼튼하게 하며 참깨에 비해 칼슘, 철분과 인이 균형 있게 들어 있어 뼈를 튼튼하게 해준다. 검은깨는 임신부의 건강식이나 산후 회복식으로 탁월하며 검은깨로 만든 흑임자죽은 병후 회복식, 영양 간식과 이유식으로도 좋다.

검은콩

검은콩은 비위를 도와서 장과 위를 따뜻하게 하여 소화기를 보호한다. 꾸준히 복용하면 강장효과도 높은데 해독력이 뛰어나고 혈액순환을 개선해준다. 또한 신장 기능을 강화하고 골다공증에도 효과가 좋다. 콩(특히 검은콩)에는 노화방지와 갱년기 장애 개선을 위해 쓰이는 에스트로겐과 비슷한 역할을 하는 이소플라본이 다량 함유되어 있다. 아울러 피부 콜라겐의 활성을 돕는 물질이 포함되어 있다.

밤

밤은 많은 영양소를 가지고 있다. 껍질에는 탄닌, 과실에는 전분, 탄수화물, 단백질, 지방, 무기질, 비타민, 리파제가 함유되어 있다. 특히 밤에 함유된 비타민 C와 D는 피부미용, 피로회복, 감기 예방 등에 좋고 인체 발육 및 성장을 촉진하므로 임산부의 건강을 돕고 태아 성장을 촉진하는 등 산전 산후에 이로운 식품이다. 또한 〈동의보감〉에는 따뜻한 성질의 식품으로 기(氣)를 보(補)하고 장과 위를 튼튼하게 하는 데도 효능이 있다고 적혀 있다.

호두

대표적인 건뇌식품으로 알려진 호두는 〈본초강목〉에 의하면 간을 보(補)하고 허리와 무릎을 따뜻하게 하며 변비를 개선하고 가래를 없애준다고 하였다. 아울러 신장 기능을 강화하고 기억력을 증진하며 폐와 신장의 허약으로 오는 잔기침과 천식 기운을 개선하는 것으로 알려져 있다. 다만 설사를 하거나 대변이 묽은 경우에는 좋지 않다. 강장 효과가 커서 회복기의 환자가 호두를 먹으면 회복이 빠르며 몸을 따뜻하게 하므로 추위를 타는 사람에게 특히 좋다. 산전의 영양섭취나 산후의 회복을 위해 고루 효과적인 식품이다.

오징어

오징어에는 타우린이 함유되어 있어서 피로회복에 매우 효과적이다. 타우린은 혈중 콜레스테롤을 감소시켜 혈압을 정상화시키는 역할을 한다. 특히 여성의 빈혈이나 월경불순, 생리통 등을 개선하는 데 효과적이다. 오징어의 먹물에는 아미노산이 풍부하게 함유되어 있어서 간 기능을 강화하고 피로회복을 돕는 작용을 한다. 또한 오징어의 먹물과 먹물 주머니에는 리조팀이라고 하는 방부력이 강한 물질이 함유되어 있어서 협심증과 암 예방에 효과적이다.

굴

어패류 중에서 가장 많은 영양소를 가지고 있는 식품으로 알려진 굴은 '바다에서 나는 우유'라 불리며 세계 여러 나라에서 애용하는 식품이다. 굴은 바위에 붙어살기 때문에 석화라고도 불린다. 굴에는 단백질, 지방, 글리코겐, 무기질, 비타민 등의 다양한 영양소가 함유되어 있어서 신진대사를 촉진하며 영양소가 몸속에 빠르게 흡수되도록 도와서 보양식품으로 좋다. 피로회복을 돕고 허약체질을 개선하므로 임신부나 산후 회복을 돕는 식품으로도 효과 만점이다. 굴에 함유된 풍부한 단백질이 태아의 성장 발달에 도움을 준다.

바지락

바지락에는 필수 아미노산이 8가지나 함유되어 있어서 약해진 간 세포를 활성화시키고 조혈작용을 하며 빈혈을 예방한다. 임신 기간의 빈혈이나 피로회복에 도움을 준다. 또한 간 기능이 약해지면 간에 지방이 쌓여 지방간이 되는데, 또한 바지락은 이를 방지해주는 베타인이란 성분도 많이 들어 있다. 바지락에는 질 좋은 단백질이 듬뿍 들어 있고 간의 해독작용을 돕는 타우린이 풍부하여 간 기능 개선에 크게 이롭다. 바지락은 되도록 싱겁게 간을 하되 냉이, 호박 등과 함께 조리하면 맛도 좋고 영양가도 높아진다.

소고기

소고기는 당뇨와 수종을 낫게 하고 뼈와 힘줄을 튼튼하게 하는 데 도움을 준다. 소고기 주성분은 단백질이며 칼슘과 비타민 A가 소량 함유되어 있고 비타

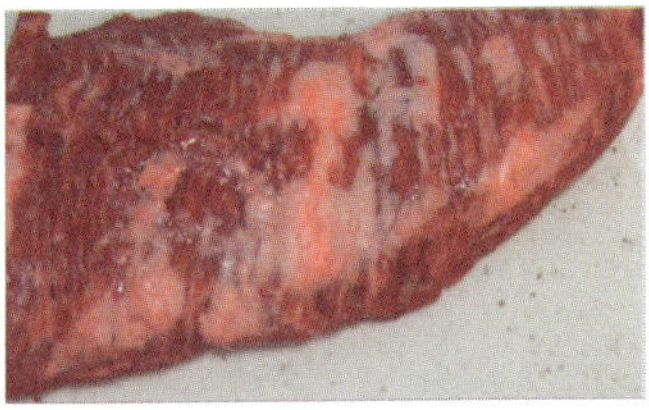

민 C는 전혀 들어 있지 않다. 따라서 소고기는 대개 들깻잎과 같은 야채류와 함께 먹어서 영양분의 균형적인 섭취를 도모한다. 소고기의 단백질에는 인체의 정상 성장에 필요한 필수 아미노산이 골고루 들어 있고 아이들의 발육에 가장 필요한 리신도 함유되어 있어서 산전 산후 여성, 성장기 아동에게 꼭 필요한 식품이다.

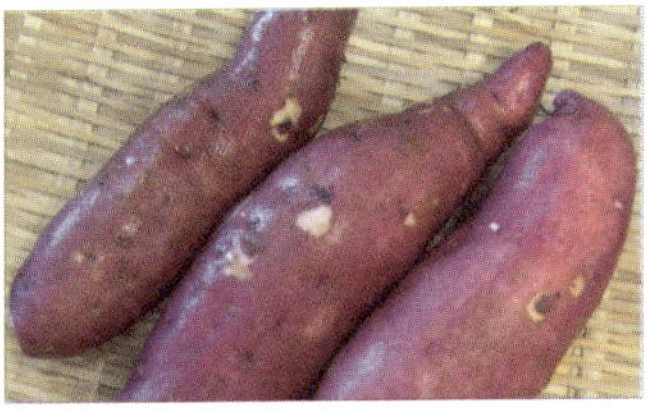

고구마

고구마에는 탄수화물, 식이섬유, 칼슘, 칼륨, 인, 비타민 A의 전구체인 베타카로틴과 비타민 C 등이 들어 있어서 대표적인 알칼리성 식품 중의 하나로 각광받고 있다. 또한 고구마에는 항산화작용을 하는 영양소가 함유되어 있어서 성인병과 암 예방에 좋은데 특히 폐암을 예방하는 3대 적황색 채소—고구마 · 호박 · 당근—로도 유명하다. 소화기능을 활성화시키고 기력을 돋우며 얼굴의 푸석푸석함을 완화하는 데 좋은 고구마는 임신 기간의 신진대사를 촉진하여 건강을 돕고 부기와 변비를 없애는 데 효과적이다.

시금치

시금치는 영양가가 높은 채소류의 대표격으로 알려져 있다. 특히 철분 함유량이 당근이나 고추, 피망에 비해 월등하므로 빈혈 예방에 효과적이며 조혈과 혈액순환을 개선하는 데도 유효하다. 특히 시금치에 함유된 베타카로틴은 암을 예방하는 데 도움을 준다. 철분과 엽산 외에 칼슘 함유량도 높고 소화가 잘 되어 임산부나 발육기 어린이, 환자에 여러 모로 좋은 식품이다. 시금치에 들어 있는 질 좋은 섬유소와 사포닌은 임신 기간의 트러블 중 하나로 나타나는 변비를 개선하는 데 도움을 준다.

우엉

당근, 무, 우엉, 연근과 같은 뿌리 채소들은 흙에서 바로 영양분을 섭취하기 때문에 미네랄과 효소가 풍부하고 세포를 활성화시키며 피를 맑게 해 준다. 장(腸)을 깨끗하게 하는 것이 바로 식이섬유인데 우엉은 근채류 중 가장 많은 식이섬유를 함유하고 있는 것으로 알려졌다. 우엉에는 유아기의 필수 아미노산인 아르기닌 성분이 다량 들어 있는데 이는 성장호르몬의 분비를 촉진한다. 또한 철분도 많아서 조혈작용도 하며 빈혈 방지, 피부미용에도 좋다. 임신부의 건강이나 태아 성장에 도움을 주는 영양소가 많은 만능식품이다.

두부

두부는 콩에 비해 소화도 잘 되고 고단백질이며 지방과 칼슘 등이 풍부하여 임신 초기의 태교음식으로 권할 만하다. 태아의 성장, 발육을 위한 영양원으로 효과적이다. 하지만 두부는 성질이 차며 독이 있으므로 한 번에 많은 양을 섭취하지 않도록 한다. 또한 두부는 비타민과 섬유소의 함유율이 낮기에 채소와 함께 먹으면 효과적이다. 두부는 열량이 낮고 수분 함유량이 높아서 다이어트식품으로도 자주 활용되며 콜레스테롤과 포화 지방산의 수치를 낮춰서 각종 성인병과 노화를 방지하고 골다공증 예방에도 효과적인 식품이다.

늙은 호박

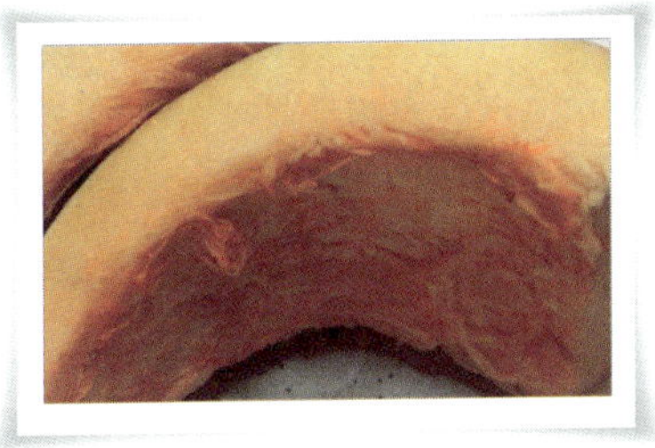

호박은 소화 흡수가 잘 되며 당질이 풍부해 몸을 따뜻하게 하고 위장을 튼튼하게 해주는 채소로 특히 위가 약한 사람이나 회복기 환자의 영양식으로 효과적이다. 비타민 A · B · C와 미네랄 성분인 칼슘 · 철분도 적당량 들어 있어 암을 예방하는 만능 영양식품으로 널리 알려져 있다. 또한 식물성 섬유질이 풍부하며, 펙틴이 다량 함유되어 있어 이뇨작용을 도와주므로 출산 후 산모의 부기를 없애는 데 효과적이다. 이때는 호박 꿀단지를 만들어 먹으면 좋다. 호박은 한방에서 당뇨병 치료에 효능을 발휘하는 약재로 활용되고 있다.

들깻잎

들깻잎은 칼륨, 칼슘, 철 등의 무기질이 많은 알칼리성 식품이다. 특히 칼륨은 성인병을 막고 피를 맑게 하는 데 유용하다. 이뇨작용과 발한 효과를 가진 들깻잎에는 특유의 향을 내는 정유 성분이 있어서 방부제 역할을 하는데 생선회와 함께 먹으면 식중독을 예방하는 효과가 있다. 들깻잎에는 다른 채소가 도저히 따를 수 없을 정도로 비타민 C가 다량 함유되어 있어 '식탁 위의 명약'으로 불리며 흡연자나 스트레스가 많은 직장인에게 유용하다. 들깻잎을 고기와 함께 먹으면 소화력을 증대시키고 콜레스테롤의 흡수를 줄여 성인병 예방에 유용하다.

모시조개

모시조개에 함유된 철분은 임신 기간, 빈혈을 예방하고 피를 맑게 하며 혈액

순환에 도움을 주기 때문에 임신 3개월이 지나면서부터 자주 먹도록 한다. 임신부의 건강을 돕고 태아의 성장을 촉진하는 데 유용하다. 아울러 소화 흡수가 잘 되고 이뇨작용을 하므로 임신 기간이나 산후 부기를 없애는 데 도움을 준다. 특히 아기에게 모유를 먹일 경우, 젖이 잘 나오게 하려면 혈액의 양을 증가시키고 혈액순환을 활발하게 해주는 영양소들인 엽산과 비타민 B_{12}가 듬뿍 함유된 해조류, 모시조개, 현미 등을 자주 섭취한다.

죽순

칼로리는 적고 식이섬유가 풍부해 다이어트식품으로도 활용되는 죽순에는 단백질 · 당질 · 지질 · 섬유소 · 칼슘 · 인 · 철분 등이 함유되어 있다. 민간요법에서 죽순은 혈압을 내리고 궤양증상을 완화하며 햇볕에 의한 피부염 치료에 효과가 있고 만성 기관지염을 개선한다고 한다. 또한 신경을 완화시켜주며, 혈액순환 촉진, 기력 안정으로 신경통에 효과가 있다. 생으로 먹어도 좋지만 보통 데치거나 프라이팬에 구워 먹어도 향과 맛이 뛰어난 식품이다.

마

마는 성질이 따뜻한 음식으로 회복기 환자나 기력을 보충해야 하는 사람들에게 자양강장 및 보양 식품으로 애용된다. 마에는 호르몬 분비 활성제가 들어 있어 남성의 스태미나를 강화하는 데도 탁월한 효과가 있으며 녹말 성분이 함유돼 있어 당뇨병 환자의 경우 차 대용으로 끓여 마셔도 좋다. 또한 몸의 기능을 활성화시키는 뮤신 성분이 들어 있어서 권태감, 무력감을 떨쳐 내고 포도당 분비를 촉진하는 효과도 있다. 단, 마에는 수렴작용이 있어서 설사를 다스려 주는 반면 변비 환자는 피하는 것이 좋다.

잣

잣은 예로부터 오장을 이롭게 하고 체질이 허약하거나 마른 사람에게 기력을 보충하는 효과가 있다고 하여 자양강장 및 보양식품으로 애용되어 왔다. 맛이 달면서 따뜻한 성질을 지니고 있어서 소화흡수가 잘 되며 기침 · 가래를 완화하고 냉증을 개선한다. 또한 식욕을 돋우고 신진대사를 촉진하며 어린 아이들의 성장 및 발육을 돕는다. 뇌 활성화, 생리통 개선, 임산부와 태아의 안정을 도모하는 데 유용하다. 잣은 빈혈을 다스려 어지럼증을 완화하며 신경통, 관절염 치료에 이롭고 피부미용에도 효과를 발휘한다.

브로콜리

브로콜리는 날것으로 먹거나 요리해서 먹는데 영양가가 매우 높고 맛이 좋아 반찬으로도 애용된다. 브로콜리에는 비타민군(群) 외에 칼슘 · 인 · 철분과 같은 미네랄, 식이섬유 등의 영양소가 함유되어 있어서 인체 면역력을 높이고 피부노화를 방지하며 암 예방에 매우 효과적이다. 특히 비타민 C 함유량은 레몬의 2배, 감자의 7배나 될 만큼 풍부해서 2~3송이로 1일 필요한 분량을 섭취할 수 있다. 특히 여성들의 피부미용과 빈혈, 유방암 예방에 효과가 크다.

현미

현미의 쌀겨 층은 소화가 잘 안 되는 성질이 있어 변의 양을 많게 하고 장벽을 자극하여 연동운동을 도우므로 변비가 해소된다. 또한 쌀겨 층과 쌀눈에는 식물성 기름이 많고 리놀레산과 비타민이 풍부한데 이는 동맥경화와 노화방지 그리고 항암작용을 하게 된다. 현미에 들어 있는 식물성 기름 성분에는 자율신경 기능의 안정을 꾀하는 물질이 있어서 임신부의 정서를 안정시키는 데 도움을 준다.

현미에 싹을 키운 것을 발아현미라고 하는데 이 발아현미에는 활성산소를 제거하는 효소 등, 새로운 영양소가 생겨 특히 암 예방에 효과적이다.

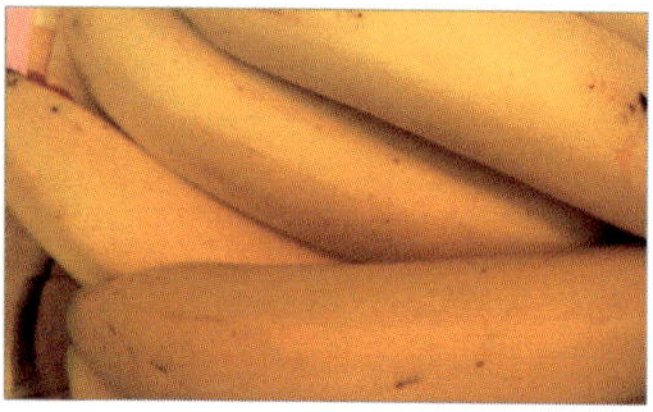

바나나

바나나는 맛도 좋고 열량이 높으며 소화가 잘 되므로 입맛이 없거나 임신 후 입덧으로 고생할 때 대용식으로 효과적이다.

바나나에 함유된 식이섬유는 양이 많고 부드러운 대변을 유도하여 설사와 변비를 동시에 예방하므로 임신 중에 임신 트러블로 변비 증상이 심할 때 바나나를 자주 먹으면 효과를 볼 수 있다. 또한 바나나는 지방, 나트륨과 콜레스테롤이 전혀 없는 대신 풍부한 섬유질과 비타민 C를 다량 함유하고 있어서 영양과일 중의 하나로 꼽힌다. 특히 각종 성인병에 좋은 칼륨이 다량 함유되어 많은 사랑을 받고 있다.

사과(파란사과)

속칭 '아오리 사과' 라고 불리는 파란사과는 조숙종이라서 다른 사과보다 일찍 수확하게 된다. 사과의 성질은 서늘한 편으로 유기산이 풍부하여 비위를 튼튼하게 하고 기력을 보충하며 폐를 강화하는 데 도움을 주므로 체력이 약해진 노약자나 유아, 임산부에게 유용하다.

사과에는 비타민 A뿐만 아니라 유기산이 많아서 신진대사와 피로회복을 돕는다. 또한 미네랄 성분, 그 중에서도 칼륨이 풍부하게 함유되어 있어 혈액순환과 고혈압을 예방한다. 사과는 포만감을 주기 때문에 식욕이 부진할 때나 다이어트 기간에 대용식으로 좋다.

복숭아

복숭아에는 식물성 섬유질인 펙틴이 다량 함유되어 있어 대장암을 예방하고 변비 개선에 큰 효과가 있다. 한방에서는 복숭아씨에 들어 있는 인이라는 성분이 피를 맑게 하여 여성의 갱년기장애와 생리불순을 치료하는 데 약재로 활용되고 있다.

또한 복숭아에 들어 있는 비타민 A · C는 피부미용을 돕고 그 외에도 칼륨과 철, 인 등의 미네랄 성분은 고혈압을 예방한다. 복숭아는 식중독을 예방할 뿐만 아니라 음식을 먹고 난 후 뒷맛이 개운하지 않거나 몸 상태가 안 좋을 때 먹으면 다소 증상을 완화시켜 준다.

Part 02

임신 시기별 태교음식

* 임신 1~2개월 : 멸치 브로콜리 볶음 | 전복 야채죽
* 임신 3~4개월 : 과일샐러드 | 두부전골 | 소고기 들깻잎 샤브샤브
* 임신 5~6개월 : 모시조개탕 | 시금치된장국 | 단호박밥
* 임신 7~8개월 : 닭볶음 | 부추전 | 콩나물김치밥
* 임신 9~10개월 : 코다리무조림 | 돼지고기 편육
* 산후 조리 : 미역국 | 늙은 호박죽

01

임신 1~2개월

멸치 브로콜리 볶음

::재료

브로콜리 150g, 잔멸치 2/3컵, 홍고추 1개, 식용유 1작은술, 통깨 1작은술, 물엿 1/2작은술, 소금 약간, 간장 양념(간장 1큰술 반, 설탕 1큰술, 다진 마늘 1작은술, 생수 1큰술, 참기름 1작은술)

::준비

브로콜리는 작은 송이로 자르되 도톰한 것은 반으로 갈라 흐르는 물에 씻는다. 냄비에 물을 붓고 소금을 넣어 끓으면 브로콜리를 넣어 살짝 데쳐 체에 건져 놓는다. 잔멸치는 불순물을 골라내어 바로 쓸 수 있도록 한다.

멸치와 브로콜리

멸치 볶기

브로콜리 넣고 볶기

::만들기

01 프라이팬에 식용유를 두르고 잔멸치를 넣어 타지 않도록 잘 저어주면서 바삭하도록 볶는다.

02 미리 준비한 간장양념과 데친 브로콜리를 넣고 센불에서 볶아 주되 물기가 너무 마르지 않도록 잘 섞어서 볶는다. 브로콜리와 멸치가 약간 누릇누릇하게 되면 다 볶아진 것이다.

03 불을 끄고 볶아진 재료에 통깨와 물엿을 넣어 함께 잘 섞는다.

요리만점, 영양만점

많은 양의 칼슘을 섭취할 수 있으며 칼슘 외에 인, 철분 등 각종 미네랄 섭취뿐만 아니라 단백질과 지방질, 비타민 B_2, 니아신 등도 다량 함유되어 있어 함께 보충할 수 있다.

02

임신 1~2개월

전복 야채죽

::재료

불린 쌀 1/2컵, 전복(중) 1개, 당근 30g, 양파 20g, 브로콜리 30g, 청경채 1송이, 참기름 1큰술, 깨소금 1작은술, 야채육수(무 · 당근 · 양파 등 남은 야채를 끓여 낸 국물) 3컵, 소금 약간

::준비

청경채는 한 잎씩 뜯어 흐르는 물에 깨끗이 씻은 후 3㎝ 간격으로 썰고 브로콜리는 송이송이를 1㎝ 정도로 잘게 썬다. 당근과 양파는 껍질을 벗기고 깨끗이 씻은 후 가늘게 채 썬다.

전복

청경채

::전복 손질하기

주방솔을 이용하여 전복껍질을 깨끗이 닦고 숟가락을 이용해 살을 분리한다. 전복살과 내장을 분리하고 비스듬히 썰어서 적당한 크기로 다진다. 이때 전복 앞쪽 부분의 돌기(입)는 딱딱하므로 잘라준다.

::만들기

01 냄비에 참기름을 두르고 손질된 당근과 양파를 넣고 볶는다. 양파가 투명하게 익는 듯하면 손질해둔 전복과 물기를 뺀 불린 쌀을 넣어서 센불에서 윤기가 나도록 볶는다.

02 쌀이 잘 볶아지면 여기에 야채육수를 1~2국자씩 넣어가며 잘 저어서 팔팔 끓인다. 팔팔 끓여지면 중불로 줄여서 육수가 쌀알에 거의 흡수되는 듯하게 보일 때까지 끓인다. 자작자작하게 쌀알이 끓여지면 손질해둔 청경채와 브로콜리를 넣고 약한 불로 줄인다.

03 쌀알이 푹 퍼지게 익으면 불을 끄고 참기름, 깨소금을 넣고 소금으로 간을 맞춘다.

요리만점, 영양만점

소화흡수가 잘 되는 전복 야채죽은 임신 초기 몸이 나른하고 신경이 예민해지기 쉬운 시기에 자양강장과 피로회복을 위해 도움이 되는 음식이다.

03

임신 3~4개월

과일샐러드

::재료

사과 중간크기 1개, 키위 1개, 배 1/2개, 아보카도 1/2개, 건포도 2큰술, 요플레키위드레싱(플레인 요플레 100㎖, 키위 50g, 설탕 1/2작은술, 땅콩가루 1작은술)

::준비

사과는 깨끗이 씻어 껍질을 벗기고 먹기 편한 크기로 썰어 연한 설탕물에 담가둔다. 아보카도(열대과일로 껍질이 초록에서 거무스름한 색으로 변할 때가 가장 맛있다. 냉장고에 2~3일 보관하면 알맞게 익는다.)

사과, 아보카도 등의 재료 준비

요플레키위드레싱 뿌리기

::만들기

01 키위는 껍질을 벗기고 반으로 갈라 가운데의 심 부분을 제거하고 얇게 썬다. 배는 껍질을 벗겨 썰어 둔 사과 크기와 같이 적당한 크기로 썰고 건포도는 생수에 씻어 둔다.

02 껍질을 벗겨 낸 아보카도는 가운데 씨를 빼고 과육만 골라 사과와 비슷한 크기로 자른다.

03 연한 설탕물에 담가둔 사과를 건져 넓적한 볼에 담고 손질된 다른 과일들과 고루 잘 섞는다. 샐러드 재료들 위에 준비한 요플레키위드레싱을 골고루 뿌린다.

요리만점, 영양만점

펙틴이 풍부한 사과는 장을 튼튼하게 하여 변비를 예방한다. 또 칼륨 등의 미네랄이 풍부한 배, 키위 등 여러 가지 과일과 건포도, 땅콩과 같은 견과류 등을 이용한 샐러드는 노화를 방지하고 항산화작용을 한다.
특히 비타민과 미네랄이 풍부한 아보카도는 심장마비의 예방과 다이어트에 그만이다.

04

임신 3~4개월

두부전골

::재료

두부 1모, 대파 1/2대, 연배추 5장, 애호박 70g, 청고추 1개, 홍고추 1개, 무 50g, 식용유와 소금 약간, 다시마새우육수(마른 다시마 사방 10㎝, 보리새우 1/4컵, 물 850㎖), 양념장(고춧가루 1큰술, 다진 마늘 1큰술, 참기름 1작은술, 국간장 2큰술)

::준비

흐르는 물에 두부를 씻어 가로 2㎝×세로 4㎝ 정도로 얇은 듯하게 썬 후 소금을 뿌린다. 두부에 묻어나는 물기는 키친타월로 제거하고 여기에 달걀 물을 입혀 프라이팬에 식용유를 두른 후 노릇하게 구워낸다. 대파는 5㎝ 정도의 길이로 채 썰고 연배추도 5㎝ 길이로 자른다. 애호박은 반달썰기하고 청 · 홍고추는 송송 어슷썰기 한다.

육수 재료인 다시마

두부, 배추, 대파 등 재료

::만들기

01 육수 내기 : 냄비에 다시마를 넣고 끓이다가 물이 끓으면 다시마는 건져내고 보리새우를 넣고 소금을 조금 넣어 간을 맞춘다.

02 전골 담기 : 전골냄비에 얇게 자른 무를 깔고 구워낸 두부를 동그랗게 돌려가며 담는다.

03 끓이기 : 준비한 야채를 두부 위로 함께 올려 전골냄비에 담고 끓여둔 다시마 새우육수를 부어 더 끓이다가 기호에 맞춰 양념장을 넣는 비율을 조절하고 소금으로 마무리 간을 한다.

요리만점, 영양만점

비타민 B_1과 E, 칼슘, 칼륨 등의 미네랄과 올리고당의 함량이 특히 높아 콩으로 먹는 것보다 두부로 먹으면 흡수율이 훨씬 높다. 뿐만 아니라, 두부는 위장이 허약한 환자나 임산부, 어린이에게 좋으며 식욕을 증진시키는 효과가 있다.

05

임신 3~4개월

소고기 들깻잎 샤브샤브

::재료

소고기(샤브용) 400g, 대파 1대, 팽이버섯 3봉지, 당근 30g, 배춧잎 5장, 표고버섯, 양파 1/3개, 곤약, 들깻잎, 샤브국물(멸치, 사방 5㎝의 다시마 3쪽, 가다랭이포 30g, 물 5컵, 청주 3큰술)

::준비

배추·대파·당근은 길이 5㎝, 폭 0.5㎝로 얇게 썬다. 양파는 둥글고 얇게 썬다. 팽이버섯은 물에 씻어 건져 밑동을 잘라내고 가닥을 분리한다. 표고버섯은 밑동을 따서 모양대로 채 썰고 곤약은 0.5㎝ 두께로 썰어 가운데 칼집을 넣고 꼬아서 모양 내기를 한다. 참깨소스와 간장소스를 만들어 둔다.

들깻잎

소고기, 배추 등의 재료

::만들기

01 소고기는 5㎝ 정도의 길이로 얇게 썰어 팽이버섯 5~6 가닥과 채 썰어진 배추 · 대파 · 당근을 조금씩 곁들여 소고기로 돌돌 말아준다.

02 샤브 냄비에 샤브국물을 부어 끓어오를 때 양파와 남은 배추 · 대파 · 당근 · 곤약 · 표고버섯 · 들깻잎을 넣고 끓인다. 1의 소고기 말이를 한 개씩 젓가락으로 집어넣고 흔들면서 살짝 익혀 소스에 찍어 먹는다.

03 말이를 하지 않은 소고기는 그대로 끓는 국물에 살짝 익혀 소스에 찍어먹고 야채류도 건져 소스에 찍어 먹는다. 남은 샤브 국물에 삶은 소면을 넣어 국수 전골로 해먹어도 좋다.

::소스의 재료

- 참깨소스 : 깨소금 2큰술, 멸치다시마물 4큰술, 케첩 1큰술, 땅콩버터 1큰술, 간장 1/2큰술, 청주 1/2큰술, 레몬즙 1큰술, 소금, 후추
- 간장소스 : 다시마물 4큰술, 간장 2큰술, 식초 2큰술, 청주 1큰술

요리만점, 영양만점

소고기와 삼치, 두부와 같은 식품들은 어린이나 임신 3~4개월의 임신부가 섭취하면 태아 발육에 크게 도움이 되는 필수 식품들이다.
깻잎을 고기와 함께 먹으면 소화력을 증대시키고 콜레스테롤의 흡수를 줄여준다.

06

임신 5~6개월

모시조개탕

::재료

모시조개 1봉지, 두부 1/2모, 쑥갓 10g, 다진 마늘 1큰술, 물 800㎖, 생강즙 1작은술, 홍고추 약간, 소금 약간

::준비

모시조개는 옅은 소금물에 담가 검은 비닐봉지 등을 씌워 어두운 곳에 두어서 해감을 토하게 해야 한다. 해감이 제거된 모시조개는 깨끗이 씻은 후 물기를 뺀다. 두부는 사방 1.5㎝ 크기로 썰어 둔다.

모시조개

두부, 쑥갓 등의 재료

::만들기

01 냄비에 물을 넣고 팔팔 끓으면 손질한 모시조개를 넣는다. 모시조개가 입을 벌리기 시작하면 생강즙을 넣고 한소끔 더 끓인다.

02 조개 국물이 뿌옇게 잘 우러나면 준비한 다진 마늘, 두부를 넣고 소금으로 간을 본다.

03 다 끓으면 불을 끄면서 쑥갓 잎과 홍고추를 송송 썰어 넣는다.

요리만점, 영양만점

모시조개에 들어 있는 타우린은 아미노산의 일종으로 콜레스테롤을 낮춰주고 혈압 조절에 도움을 준다. 특히 피로가 느껴질 때는 강장효과가 있는 부추와 함께 맑은 국을 끓여 먹으면 피로 해소와 당뇨 해소에 도움이 된다.

07

임신 5~6개월

시금치된장국

::재료

시금치 150g, 모시조개 300g, 된장 3큰술, 대파 1/2대, 다진 마늘 1/2큰술, 다진 생강 1작은술, 홍고추 2개, 쌀뜨물 5컵

::준비

시금치는 뿌리를 깨끗이 다듬어 씻은 뒤 끓는 물에 소금을 조금 넣고 뚜껑을 연 채로 살짝 데쳐서 찬물에 헹구어 물기를 꼭 짠다. 모시조개는 껍데기끼리 박박 비비고 문질러 이물질을 씻어내고 옅은 소금물에 담가 해감을 토하게 한다. 대파와 홍고추는 송송 썰어 둔다.

모시조개는 소금물에 담가 해감을 뺀다.

된장 풀기

데친 시금치 넣고 끓이기

::만들기

01 쌀뜨물을 국물 내기용으로 사용한다.

02 쌀뜨물은 쌀을 씻을 때에 3번째로 받은 물을 사용한다.

03 냄비에 쌀뜨물을 붓고 된장을 풀어 한소끔 끓기 시작하면 깨끗이 손질한 모시조개를 넣고 더 끓인다.

04 모시조개의 입이 벌어질 정도로 끓으면 데친 시금치를 넣고 한소끔 끓인 후 대파, 홍고추, 마늘을 넣는다.

요리만점, 영양만점

시금치는 철분과 섬유소가 많이 함유되어 있으므로 임산부의 변비 해소에 좋은 식품이다. 된장은 발효식품으로 단백질이 아미노산으로 변하여 흡수율이 95% 이상으로 식품 중 가장 높다고 할 수 있다. 그러나 염분이 많아 몸이 잘 붓거나 혈압이 높은 사람은 주의해야 한다.

08

임신 5~6개월

단호박밥

::재료

단호박 1개, 밤 4개, 현미찹쌀 1컵 반, 대추(작은 것) 3개, 은행 5알, 꿀 약간

::준비

현미찹쌀을 깨끗이 씻은 후 찬물에 1시간 정도 담가서 불려둔다. 밤은 껍질을 벗겨 찬물에 담가 두었다가 먹기 좋게 2~3등분으로 자른다. 대추는 껍질째 미지근한 물에 씻어 먼지를 없앤다. 단호박은 껍질째 솔로 문질러 씻은 후 위 꼭지에서 3분의 1 정도 부분을 가로로 잘라 뚜껑을 만든다.

밤, 대추, 은행 등 단호박밥 재료들

단호박 속 채우기

찜통에서 20~30분 찌기

::만들기

01 단호박 속에 든 씨와 섬유질들은 작은 수저로 파내어 모두 제거하고 안쪽에 꿀을 살짝 바른다.

02 불려진 현미찹쌀은 찜통에 한번 쪄낸 후 여기에 손질된 밤과 대추, 은행을 넣고 섞어 호박이 터지지 않게 3분의 2 정도만 채운다.

03 미리 잘라둔 호박 뚜껑을 닫고 김이 오른 찜통에 넣는다. 속에 든 재료가 완전히 익을 때까지 약 20~30분 정도 찐다.

요리만점, 영양만점

임신 중기가 시작되면 부종이 생기면서 피곤해지기 시작한다. 이때 호박밥을 만들어 먹게 되면 칼로리는 적게 섭취하면서 부종을 해소하고 필요한 영양소들을 다양하게 충분히 섭취할 수 있다.

09 임신 7~8개월

닭볶음

::재료

닭(중) 1마리, 감자(중) 2개, 당근(중) 1/2개, 양념장(진간장 3큰술, 국간장 2큰술, 양파 1/2개, 홍고추 3개, 대파 1/2대, 다진 마늘 1큰술, 다진 생강 1/2큰술, 후춧가루 약간, 식물성기름 1큰술)

::준비

볶음용으로 토막을 낸 닭고기를 사와서 깨끗하게 씻는다. 감자와 당근은 껍질을 벗기고 닭고기 크기로 큼직하게 자른다. 양파는 얇고 짧게 썰어 둔다. 홍고추와 대파는 숭덩숭덩 어슷썰기를 한다. 양념장은 미리 만들어 둔다.

감자, 양파, 당근 등의 재료 준비

양념장 골고루 섞기

센불 말고 중불에서 조리하기

::만들기

01 오목하게 깊은 냄비에 볶음용 크기로 토막을 낸 닭고기 · 감자 · 당근을 넣고 양념장을 고루 끼얹어 간이 잘 섞이도록 한다. 양념장이 담겼던 그릇에 물을 조금 부어서 그릇에 남겨진 양념까지 훑어 조리 냄비에 담는다. 국물이 자작해지도록 양을 조절한다.

02 중불로 끓이되 양념장이 고루 배도록 중간중간 뚜껑을 열어 양념을 끼얹어 볶는다.

03 센불로 조리하면 양념이 고기와 재료들에 배기도 전에 익어버리므로 불을 알맞게 조절하면서 볶는다.

요리만점, 영양만점

닭고기는 소화흡수가 잘되며 양질의 단백질을 섭취할 수 있으면서도 비만을 걱정할 필요가 없어 특히 임산부나 위가 약한 사람에게 좋은 음식이다.

10

임신 7~8개월

부추전

::재료

부추 1/2단, 밀가루 1컵, 다진 마늘 1/2큰술, 다진 생강 1작은술, 소금 약간, 달걀 2개, 풋고추 3개, 홍고추 2개, 식물성 기름 적당량, 초간장양념(진간장 2큰술, 식초 1큰술, 풋고추 1개, 홍고추 1개, 다진 양파 1/2큰술)

::준비

잎에 생기가 있어 보이는 부추를 사서 누런 잎은 떼어 내고 흙이 묻어 있는 흰 부분의 껍질은 벗겨내고 흐르는 물에 깨끗이 씻는다. 다듬어진 부추는 5㎝ 길이로 잘라 놓는다. 풋고추와 홍고추는 반으로 갈라 씨를 털어버리고 부추와 같은 길이로 채 썰어 둔다. 달걀은 별도의 그릇에 잘 풀어 놓는다.

각종 재료 준비하기

::만들기

01 반죽용 그릇에 썰어놓은 부추를 담고 소금 · 다진 마늘 · 다진 생강으로 양념을 한 다음 밀가루를 솔솔 뿌린다. 부추끼리 잘 붙도록 밀가루가 고루 뿌려지게 한다. 부추를 손질하거나 반죽을 할 때 너무 세게 만지면 으깨져서 풋내가 나므로 조심한다.

02 부추에 밀가루가 고루 섞였으면 풀어둔 달걀을 넣고 숟가락으로 살살 저어 반죽을 한다.

03 팬에 기름을 두르고 팬이 충분히 달궈지면 부추 반죽을 한 숟가락씩 떠서 팬에 넣고 그 위에 풋고추와 홍고추 채를 고명으로 얹고 모양을 납작하게 정리한 후 앞뒤로 노릇하게 지진다. 부추 외에 잘게 썬 오징어나 표고버섯을 함께 썰어 넣으면 맛도 좋고 영양섭취에도 도움이 된다.

04 완성된 부추전은 초간장 양념에 찍어 먹는다.

요리만점, 영양만점

부추에는 비타민 A, B군이 풍부하게 함유되어 있으며 부추의 독특한 향을 내는 유화아릴은 몸에 흡수되면 자율신경을 자극하여 에너지 대사를 촉진하는 효능이 있다. 또한 위가 거북하거나 변비, 설사, 냉증, 빈혈, 감기 예방에 크게 효과가 있다.

11

임신 7~8개월

콩나물김치밥

::재료

쌀 2컵 반, 돼지고기(소고기) 100g, 콩나물 200g, 배추김치 1/4포기, 고기양념(소금 약간, 다진 마늘 1작은술, 다진 생강 1작은술, 송송 썬 양파), 식물성기름 약간, 양념장(진간장 2큰술, 들기름 1큰술, 다진 마늘 1작은술, 고춧가루 1/2큰술, 다진 파 1/2큰술, 깨소금)

::준비

쌀은 씻어서 충분히 불린 후 건진다. 돼지고기는 다지듯이 곱게 썰어 두고 콩나물은 다듬은 후 씻어서 채반에 건져둔다. 배추김치는 물에 씻어 손으로 잡고 물기를 빼서 1㎝ 정도의 폭으로 잘게 송송 썬다. 고기양념과 비빔용 양념장은 미리 만들어 둔다.

콩나물을 깔고 불린 쌀을 얹은 후 밥물 잡기

완성되면 양념장에 비비기

::만들기

01 다진 돼지고기를 솥에 담고 미리 준비한 고기양념장을 끼얹어 밑간을 한다. 눌어붙지 않도록 기름을 두르고 센불에서 달달 볶아 돼지고기 특유의 누린내를 없앤다.

02 고기가 하얗게 익으면 그 위에 콩나물을 깔고 김치와 불린 쌀을 얹은 후 불린 쌀의 1배가 조금 넘는 양의 물을 부어서 밥물을 잡는다. 센불에서 밥을 짓다가 밥물이 끓어오르면 불을 줄이고 뜸을 들인다.

03 뜸이 들면 고기와 김치, 콩나물이 어우러지도록 주걱으로 뒤섞어준다. 다 된 밥은 양념장에 비벼 먹으면 더 고소하다.

요리만점, 영양만점

콩나물은 특히 비타민 C가 풍부하게 함유되어 있으며 그 밖에도 식이섬유와 칼슘, 철분 등의 영양성분이 풍부한데 이와 같은 콩나물의 영양성분은 변비를 개선하는 것은 물론 성인병과 통풍 예방에도 효과가 크다.

12

임신 9~10개월

코다리무조림

::재료

코다리 2마리, 코다리 머리 삶은 물 2/3컵, 무 200g, 대파 1/2대, 실고추 약간, 실파 2대, 코다리양념(소금 · 후추 약간씩, 맛술 2큰술, 참기름 1큰술, 통깨 1큰술), 양념장(간장 3큰술 반, 설탕 1큰술, 들기름 1큰술, 깨소금 1큰술, 맛술 1큰술, 고춧가루 1작은술, 다진 파와 마늘 1큰술씩)

::준비

코다리는 흐르는 물에 살짝 씻어 5㎝ 크기로 토막 낸 후 칼집을 내준다. 코다리 양념장에 2시간 정도 재워서 참기름을 약간 두른 팬에서 살짝 굽는다. 머리와 꼬리 부분은 잘라서 냄비에 담고 생강과 마늘을 넣고 잠기도록 물을 부어 끓여서 육수를 낸다. 대파와 실파는 송송 썰어 둔다.

양념장 만들기

코다리 칼집 낸 모습

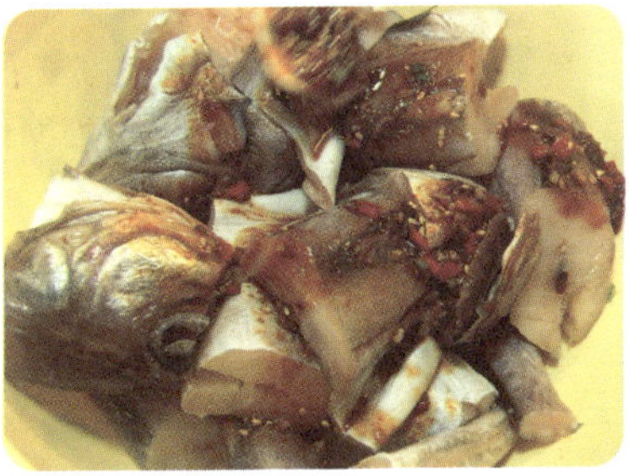

코다리에 양념장 끼얹기

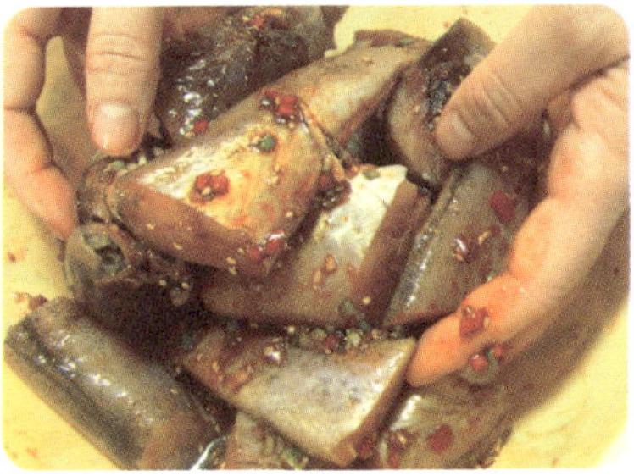

끼얹은 양념장 버무려서 재워두기

::만들기

01 냄비에 약 0.7㎝ 정도 도톰하게 썬 무를 깔고 양념장에 재워 살짝 구워둔 코다리와 육수를 넣어 센불에서 끓인다.

02 한소끔 끓으면 육수가 어느 정도 줄어들 때까지 약불에서 국물을 끼얹어가며 조린다.

03 코다리 국물이 약불에서 알맞게 조려지면 대파와 실파를 넣고 잘 섞어서 조리를 완성한다.

요리만점, 영양만점

명태는 지방질이 적어 맛이 담백하며 양질의 단백질이 많아 임산부, 성장기 어린이, 노인들에게 매우 좋다. 생태보다 건명태나 황태가 영양성분이 더욱 많다.

13 임신 9~10개월
돼지고기 편육

::재료

돼지고기(사태 또는 목살덩어리) 400g, 무 150g, 된장 1/2큰술, 비트 약간, 배 1/2개, 실파 2대, 통깨 1큰술, 소금 약간, 돼지고기 양념(대파뿌리 부분 2개, 마늘 6~7쪽, 월계수잎 1개, 정향 2개, 생강 3㎝, 통후추 1작은술, 소금 1큰술, 물 800㎖), 무 양념(다진 마늘 1작은술, 식초 2큰술, 설탕 1큰술, 배즙 2큰술, 고운 고춧가루 1/2작은술, 소금 약간)

::준비

돼지고기 양념과 무 양념을 미리 만들어 놓는다. 냄비에 돼지고기 양념을 넣고 끓으면 돼지고기를 덩어리째 넣어 삶는다. 돼지고기가 다 삶아지면 뜨거울 때 건져서 너무 마르지 않게 랩을 씌워두고 식힌다.

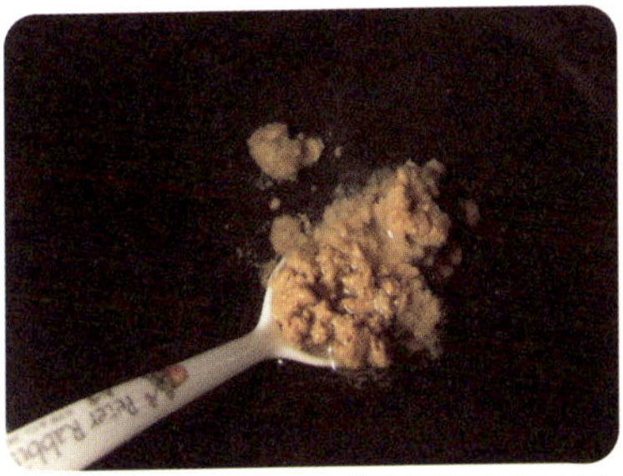

찬물에 된장 풀기

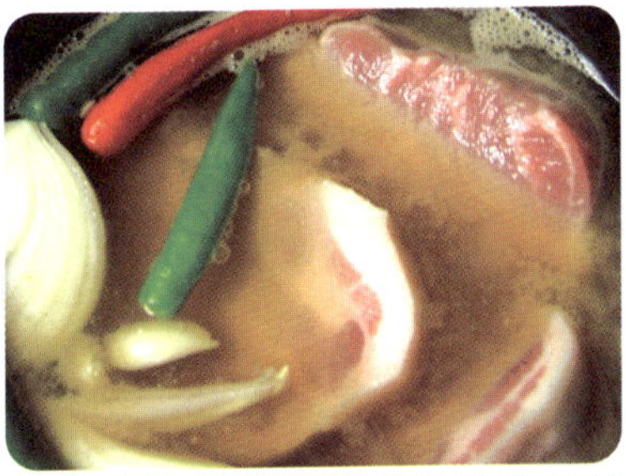

된장, 양념 끓인 물에 돼지고기 넣고 삶기

::만들기

01 찬물에 된장을 풀어 끓이다가 준비된 돼지고기 양념을 넣고 부글부글 끓으면 돼지고기를 넣고 삶는다.

02 배는 껍질을 벗겨 3㎝ 길이의 막대 모양으로 썰고 비트는 갈아서 적당량의 물과 섞어 배를 담가 색이 들게 한다.

03 무는 6㎝ 길이로 얇게 채 썰어 미리 준비한 무 양념을 넣고 절인다. 실파는 송송 썰어 둔다.

04 삶은 고기가 식으면 얇고 납작하게 썰어 그릇에 담고 그 위에 무채와 실파, 통깨를 고명으로 얹어 담아낸다.

요리만점, 영양만점

돼지고기 편육은 단백질과 지방질이 주성분이며 살코기의 단백질은 곡류나 콩류보다 훨씬 더 우수하다. 그리고 돼지고기의 지방에는 소고기보다 필수지방산이 훨씬 많으며 뇌 활동에 없어서는 안 되는 물질들을 함유하고 있어 태아의 뇌발달에 도움이 된다.

14 산후 조리
미역국

::재료

미역(불린 것) 2컵, 소고기 150g, 소고기양념장(간장 1큰술, 다진 마늘 1큰술, 후춧가루 약간, 참기름 $1\frac{1}{2}$큰술), 식물성기름 약간, 국간장 2큰술, 물 10컵

::준비

미역은 미지근한 물에 담가 충분히 불린 후, 거품이 나지 않을 때까지 바락바락 주물러 맑은 물이 보일 때까지 씻는다. 씻은 미역은 채반에 건져 물기를 빼고 약 5㎝ 길이로 썬다. 소고기는 곱게 다진 후 미리 준비한 양념장을 고루 섞어준다.

소고기와 미역

센불에서 팔팔 끓이기

미역초무침도 산전 산후 음식으로 유효하다.

::만들기

01 냄비에 기름을 두르고 양념한 소고기를 넣어 덩어리지지 않게 주걱으로 저으며 볶다가 고기 색이 하얗게 익으면 불린 미역을 넣는다.

02 소고기와 미역이 거의 볶아졌을 때 물을 붓고 센불에서 팔팔 끓인다.

03 다 끓여지면 미역이 매우 연하고 부드러워지므로 조리된 정도를 확인하여 국간장으로 간을 하고 다진 마늘과 후춧가루로 맛을 낸 후 약한 불에서 한소끔 더 끓인다.

요리만점, 영양만점

미역에 함유된 칼슘과 인은 뼈를 튼튼하게 함은 물론 자궁수축과 지혈, 초조감을 해소하는 데 도움이 된다. 또한 수용성 식이섬유는 산후의 변비를 해소해 주는 기능이 있어 '바다의 채소'라 불린다.

15 산후 조리

늙은 호박죽

::재료

늙은 호박(중) 1/2통, 붉은 팥 1/2컵, 찹쌀가루 1컵 반, 소금 또는 설탕 조금

::준비

누렇게 잘 익은 호박을 반으로 갈라서 씨를 말끔하게 파낸 다음, 길쭉하게 3~4㎝ 폭으로 잘라 껍질을 벗기고 삶기 편하게 납작납작하게 썬다. 팥은 돌을 골라내고 깨끗하게 일어 불린다. 찹쌀은 충분히 불려서 가루를 곱게 내어 찬물에 대강 풀어놓는다.

늙은 호박

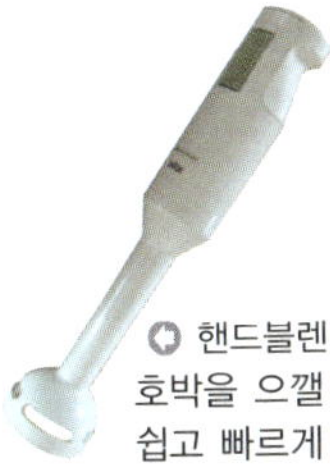

핸드블렌더
호박을 으깰 때 사용하면 쉽고 빠르게 으깰 수 있다.

썰어둔 호박을 냄비에 담기

찹쌀가루 넣고 휘젓기

::만들기

01 팥이 잠기도록 물을 붓고 센불에 올려 끓기 시작하면 바로 물을 따라버리고 다시 찬물을 부어 푹 삶아서 속까지 익게 한다.

02 냄비에 썰어 둔 호박을 담고 푹 잠기도록 물을 부어 뭉근하게 중간 불에서 푹 삶는다. 호박이 흐물흐물해지면 나무주걱이나 핸드블렌더로 으깨어 가루 모양으로 만든다.

03 으깬 호박에 찹쌀가루를 넣고 휘저어가면서 끓인다. 찹쌀가루가 말갛게 익어 되직해졌으면 삶은 팥을 넣고 짧게 한소끔 더 끓인 후 간을 맞춘다.

요리만점, 영양만점

늙은 호박은 산후 조리를 하는 산모의 부기를 빼는 데 이용하는 가장 좋은 식품이며 당뇨병으로 인한 부기에도 좋은 효과가 있다.

Part 03

임신 증상별 태교음식

✽ 새우달걀냉채 : 입덧 완화
✽ 파강회 : 입덧 완화
✽ 뱅어포구이 : 뼈를 튼튼하게
✽ 도미간장소스구이 : 부기 가라앉힘
✽ 깻잎전 : 빈혈 예방
✽ 비빔냉면 : 변비 해소
✽ 키조개브로콜리볶음 : 산후 수유기
✽ 곤약호두무침 : 산후 수유기

01

입덧 완화

새우달걀냉채

::재료

새우(대하) 2마리, 달걀 1개, 당근 1/3개, 오이 1/3개, 야채소스(마요네즈소스 2큰술, 식초 1/2큰술, 설탕 1/2작은술), 새우소스(새우 삶은 국물 1/3컵, 잣가루 2큰술, 참기름 1큰술, 약간의 소금과 후춧가루, 진간장 1작은술)

::준비

새우는 몸길이가 15㎝ 정도 되는 대하로 준비하여 등쪽의 내장을 빼고 깨끗이 씻는다. 달걀은 노른자가 가운데 오도록 굴려가며 삶은 후 둥글게 썬다. 오이는 깨끗이 씻어서 껍질째 동글동글하게, 약 4㎜ 정도의 두께로 썰어 살짝 절였다가 물기를 꼭 짠다. 당근은 3~4㎝ 길이로 채 썰어 끓는 물에 살짝 데친 후 물기를 없앤다.

새우

달걀과 채소류

::만들기

01 새우 삶기 : 내장을 뺀 대하를 통째로 삶은 다음 건져서 머리와 꼬리만 남기고 껍질을 벗겨 등 쪽에 길게 칼집을 넣어 반으로 갈라 편다. 대하를 삶은 국물은 소스 만들 때 사용하게 되므로 버리지 말고 잘 식혀서 따로 둔다.

02 새우소스 만들기 : 앞의 1에서 만들어진 새우 삶은 국물에 잣가루를 넣고 고루 섞은 다음 참기름, 소금, 후춧가루, 간장을 넣고 잘 저어서 되직한 소스를 만든다.

03 접시에 담기 : 조리된 대하와 달걀을 보기 좋게 담은 후 준비한 오이와 당근을 곁들인다. 새우에는 잣가루를 섞어 만든 새우소스, 미리 만들어둔 야채소스를 끼얹어 낸다.

::입덧 완화

입덧으로 입맛이 없을 때에는 단맛과 신맛이 어우러진 자두가 식욕을 증진한다.

조리포인트

냉채로 쓰여지는 재료들은 미리 준비해서 냉장고에 넣어두었다가 먹기 직전에 바로 무쳐 먹는 것이 신선함을 더한다. 아울러 얼린 오징어를 재료로 쓰게 될 경우에는 따끈한 물에 잠시 담가서 해동시킨 후 이용하면 좋다.

02 입덧 완화

파강회

::재료

실파 12뿌리, 소고기 100g, 대파 1대, 마늘 3쪽, 생강 1/2톨, 달걀 2개, 홍고추 1/2개, 잣 12개, 초고추장(고추장 1큰술, 설탕 2작은술, 식초 1/2큰술, 잣가루 약간)

::준비

실파는 뿌리 끝을 자르고 다듬어 씻는다. 소고기는 누린내를 없애기 위해 덩어리째 파, 마늘, 생강 등을 넣고 삶는다. 익으면 건져서 식힌 후 폭 1㎝, 길이 5㎝ 정도의 적당한 크기로 썬다. 달걀은 노른자와 흰자를 나누어 각각 황백지단을 만든 후 소고기와 비슷한 크기로 썰어둔다. 홍고추는 반으로 갈라 씨를 빼고 3㎝ 길이로 굵게 채 썬다. 잣은 고깔을 떼고 마른 행주로 닦아둔다.

대파와 마늘

홍고추

실파

소고기

::만들기

01 **실파 데치기** : 끓는 물에 소금을 조금 넣고 실파의 흰 부분부터 넣어 살짝 데쳐서 찬물에 헹군 후 손으로 살며시 눌러 물기를 빼둔다.

02 **실파로 재료 감기** : 미리 삶아서 썰어 둔 소고기 위에 황백지단을 얹고 그 위에 홍고추를 놓은 후 실파의 뿌리 쪽이 위가 되게 놓고 풀어지지 않게 돌돌 말아 고정시킨 후 잣을 끼운다.

03 **담아 내기** : 접시에 파강회를 돌려 담고 초고추장을 함께 낸다.

조리포인트

파는 비타민과 칼슘, 철분 등이 풍부하여 위의 기능을 돕고 감기 예방에 좋다. 파를 조리할 때는 단시간에 높은 온도에서 데쳐 내야 영양소의 파괴를 줄일 수 있다.

03 뼈를 튼튼하게 뱅어포구이

::재료

뱅어포 2장, 돼지고기 30g, 돼지고기 양념(진간장 1/4작은술, 다진 파, 마늘, 생강즙 · 후춧가루 약간), 밀가루 1/2큰술, 통깨 1/2작은술, 양념고추장(고추장 1/2큰술, 물엿 1/2큰술, 청주, 참기름 1작은술)

::준비

모양이 반듯하고 깨끗한 뱅어포를 골라 먼지를 털어 내고 잡티를 골라낸다. 돼지고기는 살코기로 준비하여 곱게 다져둔다. 돼지고기양념과 양념고추장을 미리 만들어둔다.

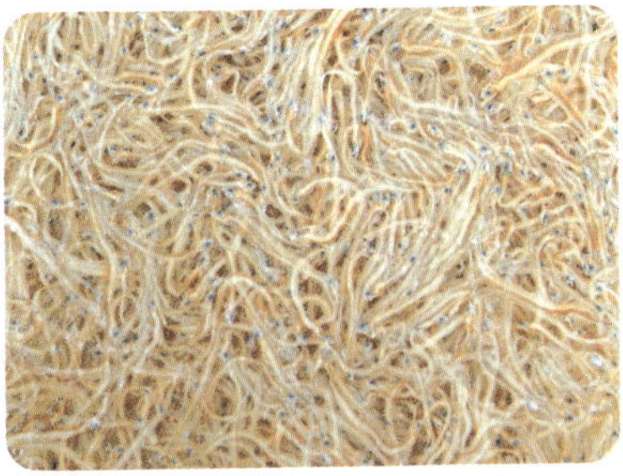

뱅어포

양념고추장 만들기

응용식단 : 뱅어포조림

::만들기

01 돼지고기 양념하기 : 넓은 그릇에 다진 고기와 미리 준비한 돼지고기양념을 넣고 골고루 주무른다.

02 뱅어포에 고기 얹기 : 준비된 뱅어포 한쪽 면에 밀가루를 살짝 묻히고 양념한 고기를 고루 얹은 후 다른 뱅어포의 한쪽 면에도 밀가루를 묻혀 덮어주고 밀대로 밀어둔다.

03 굽기 : 앞의 2에서 손질한 뱅어포의 앞뒤로 양념고추장을 바른 후 기름을 바른 석쇠에서 타지 않게 구워낸다. 잘 구워진 뱅어포 위에 통깨를 뿌려 장식하고 마름모꼴로 썰어 접시에 담아낸다.

조리포인트

뱅어포 사이에 고기를 넣고 밀대로 골고루 밀어줘야 밀착이 잘 된다. 또한 100g당 칼슘 함유량이 우유의 10배에 달할 만큼 높은 칼슘 함유량을 자랑하는 뱅어포는 칼슘 소비가 많은 시기의 임신부에게 특히 추천할 만한 음식이다.

04 부기 가라앉힘

도미간장소스구이

::재료

도미(작은 것) 1마리, 브로콜리 50g, 파프리카 30g, 닭고기 육수 1/2컵, 녹말가루 1큰술, 맛술 1큰술, 소금, 마늘, 생강 즙, 간장, 후춧가루, 식초, 올리브오일 조금씩

::준비

도미살이 탄력 있고 아가미를 들쳐보아 선명한 색을 띠는 신선한 도미를 골라, 소금물에 씻어 비린내를 없앤 후 비늘을 긁어내고 아가미 사이로 내장을 긁어 낸 다음 깨끗이 씻어 칼집을 넣는다.

도미

브로콜리와 파프리카

::만들기

01 **브로콜리 데치기** : 씻어둔 브로콜리를 끓는 물에 살짝 데쳐 작은 송이로 나눠 둔다.

02 **기름에 지지기** : 프라이팬에 기름을 두르고 뜨겁게 달군 후 준비해 둔 도미를 넣어 천천히 속까지 익히면서 노릇하게 지져낸다.

03 **간장소스 만들기** : 냄비에 닭고기 육수를 붓고 생강과 마늘 다진 것을 조금씩 넣고 1분 정도 끓인 후 간장과 소금, 후춧가루, 식초로 맛을 낸다. 끓고 있는 육수에 녹말가루를 넣어 걸쭉해지면 파프리카와 브로콜리 등의 야채를 적당한 크기로 잘라서 넣은 후 한번 끓어오르면 불을 끈다.

04 **그릇에 담기** : 타원형의 접시에 지져낸 도미를 올린 후 만들어 놓은 소스를 끼얹고 레몬 등으로 장식을 한다.

조리포인트

저염 음식을 맛있게 조리하려면 튀김요리를 선택하여 고소한 맛을 살리고 레몬즙이나 마늘 등의 향신료를 충분히 사용하여 식욕을 돋우어 주는 것이 좋다.

05 빈혈 예방

깻잎전

::재료

깻잎 10장, 다진 소고기 25g, 흰살생선살 25g, 고기양념(다진 파·마늘 1큰술씩, 진간장 1큰술, 참기름 1작은술, 후춧가루 조금), 달걀 1개, 밀가루 2큰술, 식물성 기름

::준비

연한 깻잎을 꼭지를 떼고 깨끗이 씻어 물기를 닦아 둔다. 소고기를 곱게 다지고 생선살은 살만 포 뜨듯 발라내어 곱게 다진다. 달걀은 소금을 넣어 잘 풀어 달걀물을 만들어 둔다.

깻잎

다진 소고기

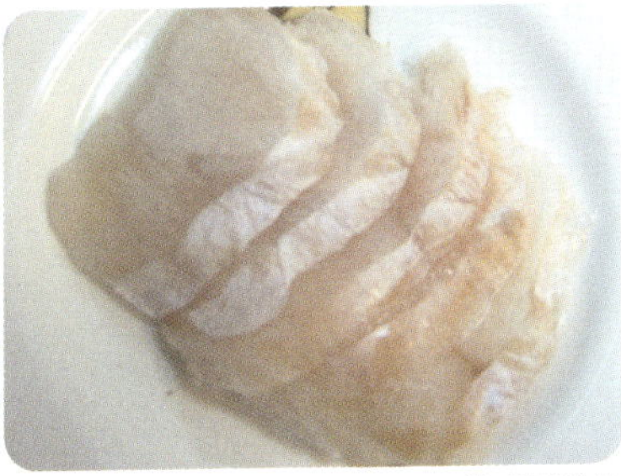

흰살생선

응용식단 : 양념깻잎

::만들기

01 재료 양념하기 : 다진 소고기와 생선살에 준비한 고기양념을 반씩 나누어 넣고 각각 고루 주물러 양념이 잘 배이게 한다.

02 깻잎에 소고기 · 생선살 얹기 : 깻잎의 뒤쪽에 밀가루를 묻혀서 5장은 양념한 고기를 얹고 남은 5장은 양념한 생선살을 얹은 다음 길게 반으로 접어 반달 모양으로 만들어 놓는다.

03 지져 내기 : 각각 앞뒤에 밀가루를 살짝 묻히고 달걀물을 씌워 뜨겁게 달군 팬에 기름을 두르고 속까지 고루 익혀 낸다.

조리포인트

비타민 A와 비타민 C, 섬유소 및 철분이 많이 함유된 들깻잎은 암의 발생을 예방하고 혈액을 깨끗하게 하며 조혈작용을 하여 임산부에게 특히 이롭다. 깻잎전은 깻잎 · 고기 · 생선 · 달걀이 어우러져 단백질까지 보충해 준다.

06

변비 해소

비빔냉면

::재료

메밀국수 300g, 사태(소고기) 100g, 오이 1/2개, 배 1/4개, 달걀 1개, 무김치, 비빔양념(고춧가루 1큰술, 고추장·설탕·다진 파·참기름 1작은술씩·진간장 1작은술, 다진 마늘 1작은술), 육수 1컵

::준비

사태는 푹 삶아 건져 무거운 것으로 눌러 모양이 잡히면 얇게 썰어 편육을 만든다. 배는 반달 모양으로 썰어 설탕을 뿌려 둔다. 무는 얄팍하게 썰어 소금에 절인다. 오이는 소금에 비벼 씻어 2㎝ 두께로 어슷하게 썬다. 달걀은 완숙으로 삶아 반으로 자르고 비빔양념은 미리 만들어 둔다.

메밀국수

배와 달걀 등의 고명 준비

고명용 오이
(소금에 씻어 어슷썰기)

::만들기

01 **메밀국수 삶기** : 끓는 물에 메밀국수를 넣고 한소끔 끓어 오르면 찬물을 조금 부어 다시 한소끔 끓인 후 찬물에 빨리 헹구어 1인분씩 사리를 지어 놓는다.

02 **무김치 만들기** : 옅은 소금에 절인 무(1/4개)를 한번 헹궈 물기를 짜고 고춧가루와 식초를 1/2작은술씩, 설탕 · 다진 마늘을 1/4작은술씩, 생강즙(약간)을 넣고 버무린다.

03 **담기** : 볼이 우묵한 그릇에 국수 사리를 담고 준비한 무김치와 오이 · 배 · 편육을 고명으로 얹고 비빔양념을 끼얹은 다음 삶은 달걀을 마무리로 장식한다.

조리포인트

비빔국수를 낼 때 차가운 육수를 1컵 따로 담아내면 식성에 따라 부어 먹을 수 있다. 메밀국수는 섬유질이 많아 변비 예방에 도움이 되며 일반 국수에 비해 단백질 함량도 높다.

07

산후 수유기

키조개브로콜리볶음

– 산모와 아이의 칼슘을 보강해 준다.

::재료(2인분)

키조개 5개, 브로콜리 100g, 파프리카 100g, 방울토마토 50g, 레몬 약간, 버터 5g, 마늘·소금·후춧가루 조금씩

::준비

키조개는 패각이 포함된 살아있는 키조개를 준비하고, 특히 브로콜리는 연초록색의 알맹이가 작은 적당한 크기를 준비한다. 토마토와 파프리카, 브로콜리 등 모든 야채는 싱싱한 유기농으로 준비하면 안심하고 먹을 수 있으며 음식의 맛과 영양을 듬뿍 섭취할 수 있다.

키조개

볶음용 재료 준비

::만들기

01 **키조개 손질** : 키조개는 깨끗이 씻어 내장을 제거하고 조갯살에 직각이 되도록 하여 0.5㎝ 두께로 자른다.

02 **야채 손질** : 브로콜리와 파프리카는 흐르는 물에 깨끗이 씻은 후 물기를 빼고 한 입 크기로 자른다.

03 **재료 볶기** : 프라이팬에 다진 마늘과 버터를 넣어 녹인 후 키조개를 넣어 살짝 볶은 후 브로콜리와 파프리카를 넣어 볶는다.

04 **마무리 간하기** : 파프리카의 색이 초록색으로 선명해지면 불을 줄이고 방울토마토를 깨끗이 씻어 넣고 후춧가루와 소금을 넣어 간을 한다.

조리포인트

수유기에는 산모의 필요 열량이 증가되고 더불어 비타민과 미네랄의 요구량도 많아지는데 키조개와 각종 야채들이 듬뿍 들어간 키조개브로콜리볶음은 칼슘과 각종 비타민 등의 영양 공급을 도와준다. 특히 키조개에는 체내 칼슘의 흡수를 돕는 니아신이 다량 함유되어 성장기 어린이와 분만 후 여성들에게 꼭 필요한 식품이다.

08

산후 수유기

곤약호두무침

– 배변을 좋아지게 한다.

::재료(4인분)

호두 50g, 곤약 200g, 지골피(구기자나무의 뿌리껍질) 10g, 육수 적당량, 꿀 2작은술, 미나리 1/2단, 소금 · 후춧가루 · 진간장 조금씩

::준비

껍질이 있는 호두를 준비하여 망치로 살짝 두드려 속에 있는 알맹이만 꺼내 놓는다. 곤약은 물기가 적으면서 탄력이 있는 것이 더 싱싱하므로 약간 단단한 것을 선택한다. 지골피는 물에 한번 씻어낸 후 사용한다.

미나리와 곤약

구기자 뿌리껍질(지골피)

호두에 들어 있는 리놀레산은 피하지방의 대사를 높이며 스태미나를 떨어뜨리지 않고 비만을 예방하거나 개선시킬 수 있다. 또한 호두는 불포화지방산을 많이 함유하고 있으므로 지방 대사를 조절하여 주며 노화를 방지하고 수유 중 영아의 두뇌발달을 촉진하는 데 도움이 된다.

::만들기

01 **복기** : 지골피에 육수를 부어 달여 놓고 곤약은 썰어 소금에 버무린 후, 살짝 헹구어 내고 간장에 살짝 볶는다.

02 **호두 손질하기** : 호두는 속껍질째 삶아서 껍질을 없앤 다음 가루를 낸다.

03 **재료 무치기** : 간 호두에 꿀과 소금을 넣어 섞은 후, 지골피 달인 물을 넣고 고루 저어 섞는다.

04 **담아 내기** : 3번 과정이 끝날 때쯤 곤약을 넣고 섞은 후 미나리를 3㎝ 크기로 썰어서 위에 올린다.

조리포인트

곤약은 97%가 수분이며 나머지는 식물성 섬유이다. 이것은 장을 자극해서 배변을 좋아지게 하며 콜레스테롤을 흡수하는 작용을 한다. 칼로리가 없는 식품이므로 출산 후 비만 때문에 고민하는 산모의 경우에 아주 좋은 식품이며, 특히 곤약호두무침이 좋다.
지골피는 약한 불에서 1컵 정도의 물을 붓고 2/3 이상 줄 때까지 달인 후 달인 물을 적당량 섞는다.

Happy Bear

Part 04

성장 단계별 이유식

✲ 영 · 유아기 5~6개월 : 마죽 | 치즈&감자 미음 | 밥&잣 미음 | 브로콜리&당근 미음 | 우유 수프

✲ 영 · 유아기 7~9개월 : 현미죽 | 토마토&감자 수프 | 완두콩&단호박 죽 | 소고기&잣&현미 무른밥 | 흰살생선&검은깨 죽

✲ 영 · 유아기 10~12개월 : 새우&애호박 무른밥 | 참치&감자&양파 부침 | 닭고기&브로콜리 무른밥 | 전복&애호박 무른밥

✲ 영 · 유아기 12개월 이후 : 소고기&호두&두부 버거 | 닭고기&표고버섯 볶음밥 | 참치감자전 | 김치&야채 주먹밥 | 키위&사과&토마토 샐러드 | 단호박&치즈 구이

01 마죽

영·유아기 5~6개월

::재료(2인분)

불린 쌀 40g, 마 100g, 소고기 육수 2컵가량

::효능

마는 당질, 단백질과 비타민 $B_1 \cdot B_2 \cdot C$ 등이 주성분이며 그 밖에 미네랄과 디아스타제라는 소화효소가 풍부할 뿐 아니라 콜린과 사포닌 등이 들어 있어 면역 증진에 효과가 있다.

쌀은 씻어 불리기

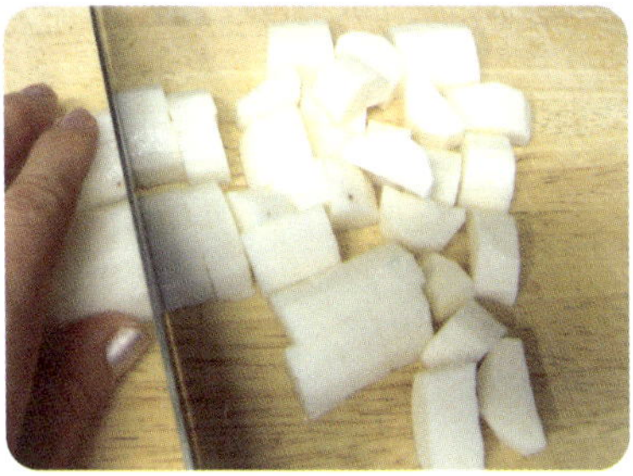
마 썰기

자른 마를 믹서기에 넣고 갈기

::만들기

01 쌀은 씻어 물에 30분 정도 불린 후 믹서기에 넣고 곱게 갈아준다.

02 마는 껍질을 벗기고 3×3㎝ 크기로 자르고 믹서기에 물을 약간 넣어 갈아준다.

03 갈아 놓은 쌀과 마를 냄비에 넣고 소고기 육수 2컵가량을 부은 후 중불에서 눌지 않도록 잘 저어가며 뭉근히 끓인 후 소금으로 간을 한다.

조리포인트

마죽의 간은 꼭 싱겁게 하고 소고기 육수는 한꺼번에 끓여서 얼음곽을 이용해 냉동실에 얼려두고 필요한 분량만큼 그때그때 사용하면 시간을 절약할 수 있다.

02

영·유아기 5~6개월

치즈&감자 미음

::재료(2인분)

불린 쌀 40g, 칼슘치즈 1장, 감자 1개, 소고기 육수 3컵

::효능

감자의 주성분은 당이지만 비타민 $B_1 \cdot B_2 \cdot C$ 등이 매우 풍부하며 감자의 비타민 C는 가열해도 파괴되지 않는 장점이 있다. 뿐만 아니라 쌀밥의 16배나 되는 칼륨이 함유되어 있어 체내 여분의 나트륨을 배출하는 작용을 하여 고혈압 예방의 효과가 있다. 또한 위궤양과 신장병에 의한 부기를 해소하는 데 효과가 있으며 식물성 섬유인 펙틴이 많이 함유되어 있어 변비 개선에도 효과적이다.

감자와 불린 쌀

육수를 부어 중불에서 저어가며 끓이기

끓인 후 치즈 넣기

::만들기

01 쌀은 씻어 물에 30분 정도 불린 후에 치즈와 함께 믹서기에 넣고 곱게 갈아 놓는다. 치즈는 나중에 육수 끓일 때 넣어도 무방하다.

02 감자는 껍질을 벗기고 반으로 잘라 삶은 후 으깬다.

03 갈아 놓은 쌀과 으깬 감자를 냄비에 넣고 소고기 육수 3컵을 부은 후 중불에서 눌지 않도록 잘 저어가며 뭉근히 끓인 후 소금으로 간을 한다.

04 아주 어린 유아는 체로 걸러서 미음으로 먹인다.

조리포인트

유아의 개월 수에 따라 믹서기에 가는 쌀의 입자를 조절한다. 조금 더 자란 유아의 경우는 쌀의 입자를 좀 더 굵게 하여 저작하는 것을 가르치면 아이의 두뇌발달을 도울 수 있다.

03

영·유아기 5~6개월

밤&잣 미음

::재료(2인분)

쌀 20g, 밤 5~6알, 잣 10g, 닭육수 1컵 반

::효능

밤은 단백질, 지방질, 비타민, 미네랄 등 5대 영양소가 균형 있게 들어 있는 완벽한 식품이다. 주성분은 당질인 자당이 많이 함유되어 있어 단맛이 강하다. 특히 지방질, 비타민, 미네랄이 풍부하여 병을 앓고 있거나, 회복기 환자, 발육기 어린이에게 좋은 음식이다.

잣은 칼로리가 높을 뿐 아니라 비타민 B군이 풍부하며 호두나 땅콩보다도 더 많은 철분을 함유하고 있는 식품으로 한방에서는 '해송자'라 한다. 입맛이 없을 때 잣으로 죽을 끓여 먹으면 입맛을 돋우며 기운을 차리게 한다.

밤

밤 껍질 까기

불린 쌀

잣

::만들기

01 쌀은 씻어 물에 30분 정도 불린 후 믹서기에 넣고 곱게 갈아준다.

02 밤을 물에 담가 껍질이 연해졌을 때 깐 후에 깨끗이 씻어 잘게 썰어 둔다.

03 밤과 잣을 믹서기에 살짝 갈아준다.

04 냄비에 위의 1과 육수를 넣고 한번 끓인 후 3을 넣고 중불에서 잘 저어가며 걸쭉하게 될 때까지 끓이다 소금 간을 약간 한다.

조리포인트

밤만 따로 삶아서 으깨고 다시마 우린 물을 부어 끓여 먹여도 아이의 훌륭한 이유식이 된다.

04

영·유아기 5~6개월

브로콜리&당근 미음

::재료(2인분)

쌀 20g, 브로콜리 10g, 당근 10g, 닭육수 1컵 반

::효능

브로콜리는 비타민 C의 함유량이 레몬의 2배, 감자의 7배로 항산화 효과가 풍부하며 그 밖에 비타민 A를 비롯하여 비타민 B_1, B_2와 칼륨, 인, 칼슘 등의 미네랄이 시금치 못지않게 많다.

또한 당근은 비타민 A뿐만 아니라 각종 비타민과 칼슘, 칼륨, 식물성 섬유 등이 균형 있게 들어 있어 설사를 치료하는 식품으로도 유명하며 특히 비타민 A와 철분은 조혈작용을 촉진하여 혈액의 흐름을 좋게 함으로써 빈혈은 물론 허약체질이나 피로회복에 도움이 된다.

○ 브로콜리 데치기

○ 당근도 데친 후 잘게 썬다

::만들기

01 쌀은 씻어 물에 30분 정도 불린 후 믹서기에 넣고 곱게 갈아준다.

02 브로콜리와 당근은 깨끗이 씻은 후 뜨거운 물에 데쳐서 잘게 썬 후에 믹서기에 살짝 갈아준다.

03 냄비에 위의 1과 육수를 넣고 한번 끓인 후 2를 넣고 중불에서 잘 저어가며 걸쭉하게 될 때까지 끓이다가 소금 간을 약간 한다.

조리포인트

브로콜리와 당근은 입자가 크면 아이가 삼키기 어려우므로 잘게 썬 후에 믹서기에 곱게 갈아서 넣는다. 브로콜리와 당근을 함께 섭취하면 면역력이 키워지고 풍부한 섬유질로 인해 배변활동이 좋아진다.

05

영·유아기 5~6개월

우유 수프

::재료(2인분)

우유 1컵, 흑설탕 4g, 버터 4g, 밀가루 6g, 생강 조금

::효능

우유에는 단백질, 지질, 당질, 비타민, 미네랄 등 사람에게 필요한 영양소가 균형 있게 들어 있어서 아이들의 보양식으로 권장된다. 특히 필수아미노산을 균형 있게 함유한 양질의 단백질과 칼슘, 비타민 B_2가 풍부한 편이다. 최근 아미노산이 만드는 세로토닌이라는 물질에 뇌를 진정해 주는 작용이 있다는 사실이 알려졌다. 이 세로토닌이 풍부하게 함유된 우유는 신경을 진정시키는 작용도 하므로 불면증에는 이상적인 음료라고 하겠다.

흑설탕과 우유, 버터

우유를 넣고 뭉치지 않게 젓기

응용식단 : 타락죽

궁중의 임금님이 드시던 보양식으로 불린 쌀이나 찹쌀을 갈아 체에 밭친 후 물을 넣고 끓이다 한 차례 끓으면 우유를 조금씩 넣고 약한 불에서 멍울이 지지 않게 끓인다.

:: 만들기

01 분량의 밀가루를 체에 곱게 쳐서 버터를 고루 섞어 잘 치댄다. 생강은 껍질을 벗기고 강판에 갈아 즙만 받아 둔다.

02 버터와 밀가루를 섞은 후 우유를 1/2컵 정도 붓고 흑설탕을 넣어 뭉치지 않도록 잘 젓는다.

03 남은 우유를 넣고 약한 불에서 눌지 않도록 잘 저어 주며 끓인다. 생강즙은 막 끓어 오르기 시작하면 넣는다.

조리포인트

흑설탕은 잘 뭉치므로 잘게 가루를 내어 넣는다.

06

영·유아기 7~9개월

현미죽

::재료(2인분)

현미 80g, 소고기 다짐육 20g, 다시마 10g, 물 1컵 반, 소금 · 마늘 · 생강 · 참기름 조금씩

::효능

현미에는 비타민 B군과 단백질, 지방질, 미네랄 등의 영양소가 많이 들어 있어 피로회복을 촉진하며 수분을 흡수하고 내장을 튼튼하게 함은 물론 혈행을 좋게 해주는 특징이 있다. 또한 고혈로 인하여 체력이 저하됐을 때 체력을 보강해 주는 효과가 있다. 그러나 현미는 소화 흡수가 잘 안 되는 단점이 있으므로 소화가 잘 안 되는 경우에는 현미 수프나 현미죽으로 조리하여 부드럽게 먹으면 더 효과적이다.

현미

소고기

다시마

::만들기

01 현미를 깨끗이 씻은 후 물기를 빼고 프라이팬에 노릇노릇하게 고소한 냄새가 날 때까지 볶는다.

02 다진 소고기는 마늘과 참기름을 넣고 소금으로 간을 하여 살짝 볶는다.

03 다시마는 깨끗이 씻은 후 물 3컵 정도를 붓고 중불에서 국물이 충분히 우러나도록 끓인다.

04 볶아 놓은 소고기는 볶은 현미와 함께 냄비에 담고 다시마 달인 물 2컵을 넣은 후 중불에서 뭉근히 끓이다가 생강즙을 넣는다.

05 완전히 끓인 후 소금으로 약하게 간을 한다.

조리포인트

현미죽을 끓이면서 양을 늘리거나 줄일 때는 물의 양을 적당히 잘 조절해야 하며 입맛이 없어 입안이 깔깔할 때는 체에 현미 찌꺼기를 잘 걸러 미음처럼 마시면 먹기 편하고 부드러우며 주식으로도 좋은 음식이다.
감기 증세가 있어 열이 나고 입맛이 없어 잘 먹지 못할 때는 현미죽에 생강즙을 넣어 끓인 후, 체에 걸러 물만이라도 먹게 하면 증세가 호전된다. 생강은 땀이 나게 하고 항균작용을 하여 초기 감기를 치료하는 데 효과가 있다.

07

영·유아기 7~9개월

토마토&감자 수프

::재료(2인분)

양배추 100g, 토마토(중) 1개, 감자(중) 1개, 양파 · 당근 1/2개, 멸치다시마육수 4컵, 소금 · 다진 파슬리 조금씩

::효능

토마토는 탄수화물이 주성분이고 식물성 섬유인 펙틴이 풍부하다. 신맛을 내는 구연산과 사과산이 있으며 비타민 A, B_1, B_2, B_6, C 등의 미네랄과 아미노산이 풍부하다. 토마토의 신맛은 위액의 분비를 촉진하고 위벽에 음식이 부착되는 것을 막아 위암을 예방하는 작용을 한다.

소금물에 토마토 데치기

당근을 1㎝ 크기로 썰기

::만들기

01 양배추와 양파, 당근은 깨끗이 씻은 후 약 1㎝ 크기로 자른다.

02 토마토는 끓는 소금물에 살짝 데친 후 껍질을 벗기고 가로, 세로 1㎝ 크기로 자른다.

03 멸치, 다시마는 깨끗이 씻은 후 물 5컵 정도를 붓고 중불에서 국물이 충분히 우러나도록 끓인다.

04 냄비에 멸치다시마 우린 물 4컵을 붓고 준비한 재료들을 모두 넣어 10분 정도 끓이다가 소금 간을 하고 그릇에 담을 때 다진 파슬리를 뿌린다.

조리포인트

영 · 유아기 7~9개월에는 어느 정도 건더기가 있는 음식을 섭취하면서 씹는 활동을 강화한다. 하지만 야채들을 푹 삶아 무르게 하는 것이 좋다.
고기나 생선 등을 먹을 때 토마토를 함께 먹으면 소화를 돕고 혈관을 튼튼하게 하며 면역력을 증진하여 건강하게 하므로 성장기 어린이는 물론 성인병 예방을 위하여 모두가 함께 섭취하면 좋다. 여기에 비타민 C가 풍부한 감자와 함께 조리를 하면 더 큰 효과를 볼 수 있다.

08 영·유아기 7~9개월

완두콩&단호박 죽

::재료(2인분)

쌀 40g, 단호박 40g, 완두콩 10g, 육수 2컵(멸치, 다시마, 표고버섯 20g씩), 소금 약간

::효능

단호박은 베타카로틴이 풍부하여 항산화 효과도 뛰어나므로 단백질이 풍부한 완두콩과 함께 섭취하면 아이들의 두뇌 발달을 도와줄 뿐만 아니라 면역력도 높여준다.

뜨거운 물에 완두콩 데치기

단호박은 잘라서 삶은 후 으깨기

육수용 멸치, 다시마

::만들기

01 쌀은 30분 정도 불린 후 믹서기에 쌀알이 부서질 정도로 약 10초 정도 살짝 갈아준다.

02 완두콩은 뜨거운 물에 데쳐서 믹서기에 살짝 갈아주며 단호박은 껍질을 벗기고 작은 크기로 잘라서 삶은 후 으깬다.

03 위의 재료들을 냄비에 넣고 만들어 놓은 육수 2컵 정도를 부은 후 중불에서 잘 저어가며 끓이다가 소금으로 약간 간을 한다.

조리포인트

완두콩 & 단호박 죽은 하루 먹을 양만 만들고, 간은 싱겁게 하는 것이 좋다.

09

영·유아기 7~9개월

소고기&잣&현미 무른밥

::재료(2인분)

현미 40g, 다진 소고기 30g, 잣 10g, 시금치 20g, 물 2컵 반, 참기름 · 소금 약간씩

::효능

잣은 두뇌 발달과 신체발육에 좋은 필수지방산이 풍부하고 열량도 높아 성장기 어린이에게 꼭 필요한 식품이다.

현미

소고기

시금치

잣

::만들기

01 현미는 30분 정도 불린 후 믹서기를 이용하여 쌀알이 부서질 정도로 약 10초 정도 갈아준다.

02 잣과 소고기, 시금치는 곱게 다져 놓는다.

03 위의 재료들을 냄비에 넣고 물을 2컵 반 정도 부은 후 중불에서 잘 저어가며 끓이다가 소금으로 간을 한다.

조리포인트

현미는 잘 퍼지지 않으므로 물에 30분 이상 불려서 사용하면 좀 더 잘 퍼진다. 그러나 소화 기능이 아주 약하거나 더 좋은 양질의 영양 섭취를 위해서는 발아현미를 이용하는 것이 좋다.

10

영·유아기 7~9개월

흰살생선&검은깨 죽

::재료(2인분)

쌀 40g, 흰살생선 30g, 검은깨 10g, 당근 20g, 멸치표고다시마육수 2컵 반, 참기름 · 소금 약간씩

::효능

소화가 잘되고 양질의 단백질이 풍부한 흰살생선과 필수지방산이 풍부한 검은깨를 함께 먹으면 아이의 건강은 물론 성장발육을 촉진한다.

검은깨

다진 당근

표고버섯

흰살생선

::만들기

01 검은깨는 여러 번 씻은 다음 체에 받아 물기를 빼고 중불에서 약간 탄 냄새가 날 때까지 볶는다.

02 볶은 검은깨를 믹서기에 넣고 물 1/3컵 정도를 붓고 곱게 간 다음 체에 걸러 즙을 받는다.

03 쌀은 30분 정도 불린 후 믹서기에 반으로 나뉠 정도로 약 10초 정도 갈아준다.

04 흰살생선과 당근은 곱게 다져 놓는다.

05 위의 재료들과 검은깨즙을 냄비에 넣고 멸치표고다시마육수를 2컵 반 정도 부은 후 중불에서 잘 저어가며 끓이다가 소금으로 약간 간을 한다.

조리포인트

흰살생선은 주로 명태나 대구, 민어를 이용하며 신선한 생선을 고르는 것이 맛을 좋게 하며 영양소 파괴를 줄일 수 있어서 좋다.

11

영·유아기 10~12개월

새우&애호박 무른밥

::재료(2인분)

쌀 50g, 양송이버섯 2개, 새우 50g, 애호박 10g, 당근 10g, 멸치다시마육수 2컵 반, 참기름 · 소금 약간씩

::효능

새우에는 칼슘, 인, 요오드, 철분과 비타민이 풍부하게 함유되었으며 특히 몸을 따뜻하게 해준다. 호박에는 비타민 A를 비롯하여 B_1, B_2, C, 칼슘과 철분, 인 등의 미네랄이 균형 있게 들어있어 아이들의 이유식으로 활용하기에 좋은 재료이다.

애호박과 당근

새우

양송이버섯

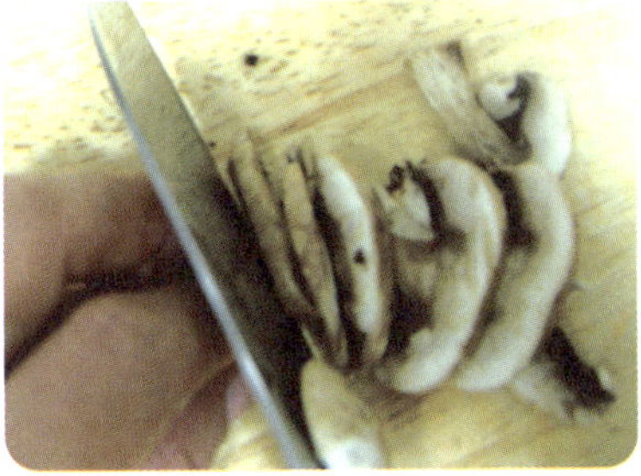

양송이버섯 얇게 썰기

::만들기

01 양송이버섯은 흐르는 물에 깨끗이 씻은 후 얇게 썰어서 잘게 다진다.

02 새우는 깨끗이 씻은 후 껍질을 벗기고 잘게 다진다.

03 애호박과 당근은 깨끗이 씻은 후 잘게 다진다.

04 불린 쌀을 냄비에 넣고 참기름을 1큰술 넣고 볶다가 새우와 준비한 야채, 멸치다시마육수 2컵 반 정도 부은 후 중불에서 잘 저어가며 끓이다가 재료가 푹 익으면 소금으로 약간 간을 한다.

조리포인트

불린 쌀을 참기름을 넣고 볶은 후 육수를 넣고 끓이면 죽이 고소하여 아이들이 잘 먹게 된다.

12

영·유아기 10~12개월

참치&감자&양파 부침

::재료(2인분)

참치살 50g, 감자 2개, 양파 1/2개, 피망 10g, 달걀 1개, 부침가루 100g, 올리브오일 · 소금 약간씩

::효능

참치는 두뇌 발달에 좋은 DHA가 풍부하며 감자에는 니아신이 풍부하여 체내 칼슘 흡수를 촉진하여 아이가 건강하게 자라게 하는 데 도움이 된다.

감자와 피망

참치는 기름기 빼고 다지기

노릇하게 지지기

::만들기

01 감자와 양파는 껍질을 벗기고 씻은 후 강판에 갈아둔다.

02 참치는 기름기를 빼고 잘게 다진다.

03 위의 재료를 모두 큰 그릇에 담고 달걀과 밀가루를 넣어 뭉치지 않도록 잘 섞어주며 소금으로 간을 한다.

04 프라이팬에 기름을 두르고 노릇하게 지진다.

조리포인트

토마토나 키위와 함께 먹으면 소화와 영양 흡수에 도움이 된다.
감자에는 수분이 많고 녹말과 당분이 고구마보다 적은 편이며
비타민 B_1, B_2, C 등이 매우 풍부하다. 특히 비타민 C는 가열해도
잘 파괴되지 않으며 항궤양 성분이 있어 알레르기 체질 개선에 도움이 된다.

13

영·유아기 10~12개월

닭고기&브로콜리 무른밥

::재료(2인분)

쌀 100g, 닭고기 40g, 브로콜리 20g, 당근 10g, 양파 10g, 잣 10g, 참기름 · 소금 약간씩

::효능

닭고기는 담백한 맛과 부드러운 육질이 일품이며 위가 약한 사람에게 특히 좋은 식품이다. 단백질은 소고기나 돼지고기보다 많으며 그 중에서도 필수 아미노산이 많이 들어 있다. 또한 피를 보충하는 작용이 있어 체력회복에 도움이 되고 젖을 잘 나오게 하는 효과가 있으므로 아이와 엄마가 같이 먹으면 더욱더 효과적이다.

잣과 당근, 양파, 브로콜리

닭고기는 삶은 후 다지기

브로콜리 데치기

::만들기

01 쌀을 씻은 후 30분 정도 불린다.

02 닭고기는 삶은 후 잘게 다진다. 이때 닭고기 삶은 물은 나중에 육수로 쓴다.

03 브로콜리와 당근은 데친 후 잘게 자른다.

04 불린 쌀을 참기름을 넣고 볶은 후 닭고기 육수 반 컵 정도를 넣고 끓인다.

05 쌀이 어느 정도 퍼지면 준비해 놓은 잣과 다져 놓은 야채를 넣고 골고루 섞어 소금으로 간을 한다.

조리포인트

야채를 적당히 작게 잘라 아이가 씹는 운동을 함으로써 두뇌 활동을 촉진하도록 한다. 돌 무렵의 아이에게는 여러 색의 파프리카를 잘게 잘라 살짝 데쳐서 먹이면 영양과 색감까지 익히게 할 수 있다.

14

영·유아기 10~12개월

전복&애호박 무른밥

::재료(2인분)

쌀 100g, 전복 40g, 애호박 10g, 당근 10g, 양파 10g, 참기름 · 소금 약간씩

::효능

조개류에는 일반적으로 피로해진 신경을 회복시키는 작용이 있는데 전복에는 특별히 시신경 피로회복에 뛰어난 성분이 함유되어 있으며 탁월한 자양강장식품으로 알려져 있다. 특히 몸이 허약할 때 전복죽을 끓여 먹으면 기운이 나고 소변이 잘 나오게 되어 황달이나 방광염에 도움이 된다.

애호박, 당근, 양파 등의 재료 준비

전복

육수 넣고 끓이기

::만들기

01 쌀을 씻어 30분 정도 불린 후 10초 정도 믹서기에 넣고 갈아준다.

02 전복은 소금물에 여러 번 헹군 후 물기를 빼고 살짝 데친 후 잘게 자른다.

03 애호박과 양파는 씻은 후 잘게 자른다.

04 갈아 놓은 쌀과 전복에 참기름을 충분히 넣고 쌀이 약간 익을 때까지 볶은 후 잘게 자른 야채를 넣고 준비한 육수를 넣고 끓인다.

조리포인트

전복이나 백합 등 다른 조개류를 가지고 죽을 끓일 때는 쌀을 그대로 이용하기도 하지만 믹서기를 이용하여 절반 정도의 크기로 갈아서 사용하기도 한다. 전복죽은 참기름을 많다 할 정도로 충분히 넣어야 고소하고 맛있는 죽을 만들 수 있다. 초보자의 경우에는 전복껍질을 제거하기가 어려운데 수저를 이용하여 내장이 터지지 않도록 전복살만 떼어내면 쉽게 껍질을 제거할 수 있다.

15

영·유아기 12개월 이후

소고기&호두&두부 버거

– 1세 이후에는 된장국과 김치류를 맵지 않게 하여 자주 먹여서 익숙해지도록 한다.

::재료(2인분)

다진 소고기 100g, 호두 10g, 두부 50g, 빵가루 2큰술, 달걀 1/2개, 감자 1/2개, 피망 10g, 양파 10g, 올리브오일, 소금 약간씩

::효능

호두는 견과류 중에서도 영양가가 높은 고칼로리 식품이다. 불포화지방산과 필수지방산이 풍부한 식품으로 특히 리놀레산 등의 불포화지방산과 비타민 E가 작용하여 콜레스테롤이 혈관 벽에 부착되는 것을 막아주므로 고혈압, 동맥경화증의 예방 및 치료에 효과가 있다. 또한 단백질도 질적인 면에서나 양적인 면에서 육류보다 훨씬 우수하며 미네랄과 비타민 B_1이 풍부하여 피부에 윤기가 나게 한다. 그 밖에 호두는 기침을 진정시키고 신경쇠약을 개선하며 변비를 해소시켜 주는 효능이 있다.

두부는 물기를 빼고 으깨기

호두

감자와 양파, 피망은 잘게 다지기

한입 크기로 부치기

::만들기

01 호두와 감자, 양파, 피망은 잘게 다져 놓는다.

02 두부는 흐르는 물에 가볍게 씻어 물기를 뺀 다음 으깬다.

03 믹싱 볼에 위의 준비한 재료를 모두 넣고 빵가루와 달걀을 넣고 잘 섞어서 반죽을 하고 소금으로 간을 한다.

04 프라이팬에 오일을 두르고 한입 크기로 작고 노릇하게 부친다.

조리포인트

소고기는 기름기가 적고 부드러운 부위를 잘 다져서 사용하며 호두는 오래되지 않은 신선한 것으로 속껍질을 최대한 제거하여 아주 작게 다지거나 믹서기를 이용하여 1~2분 정도 갈아서 이용하면 아이가 먹는 데 도움이 된다.

16

영·유아기 12개월 이후

닭고기&표고버섯 볶음밥

::재료(2인분)

쌀 100g, 닭고기 20g, 표고버섯 10g, 당근 10g, 브로콜리 10g, 달걀 1/2개, 참기름, 올리브오일, 소금 약간씩

::효능

표고버섯에는 뼈를 튼튼하게 해주는 비타민 D와 조혈작용에 필수적인 비타민 B_2, 혈액의 대사를 돕는 엘리타데닌 등의 성분이 풍부하며 감칠맛을 내는 구아닐산이 다른 버섯들보다 많이 들어 있다.

닭고기, 표고버섯 등의 재료

건표고

닭고기 볶기

달걀을 넣고 엉기게 볶기

::만들기

01 쌀을 씻어 30분 정도 불린 후 밥이 무르지 않게 한다.

02 닭고기는 잘게 자르고 소금으로 밑간을 한다.

03 표고버섯과 브로콜리, 당근은 씻은 후 잘게 자른다.

04 프라이팬에 오일을 두르고 닭고기를 볶다가 준비한 다른 야채와 달걀 1/2개를 넣고 망울망울하게 달걀이 엉기도록 볶는다.

05 여기에 밥을 넣고 볶은 후 참기름과 약간의 소금으로 간을 한다.

조리포인트

모든 재료는 신선한 것을 선택한다. 닭고기는 가슴살이 부드러우며 표고버섯은 지름이 3~4㎝ 정도 되는 것을 선택하여 꼭지를 따 내고 사용하며 건표고의 경우에는 미지근한 물에 담가 불린 후 사용한다. 브로콜리는 진한 초록색으로 싱싱한 것을 선택한다.

17

영·유아기 12개월 이후

참치감자전

::재료(2인분)

달걀 2개, 감자 1/2개, 참치 30g, 김치 20g, 양파 10g, 브로콜리 10g, 녹인 버터 1/2큰술, 우유 1큰술 반, 설탕, 소금 약간씩

::효능

참치는 '바다의 닭고기'로 불리며 여름철에 잡힌 참치는 지방 함량이 적어 맛이 담백하다. 겨울철에 잡힌 참치는 지방이 많고 수분이 적어 횟감으로 많이 이용된다. 중국에서는 지혈작용이 있다 하여 혈뇨나 여성의 냉대하 치료, 허약체질인 사람의 체력보강에 이용해 오고 있다.

또한 참치에는 양질의 단백질이 많으며 지방질에는 콜레스테롤을 감소시키고 뇌혈전증을 예방하는 EPA(에이코사펜타엔사)가 풍부하게 함유되어 있다. 또한 동맥경화를 예방하고 노화를 늦추는 산화 방지 효능도 있다.

참치, 감자 등의 재료

김치는 잘게 자르기

::만들기

01 감자는 씻은 후 껍질을 벗기고 채 썰어 잘게 자른다.

02 참치는 기름기를 꼭 짜서 제거하고 잘게 자른다.

03 김치와 양파, 브로콜리는 씻은 후 잘게 자른다.

04 믹싱 볼에 달걀, 설탕, 녹인 버터와 우유를 넣고 잘 저은 후 감자와 참치를 넣고 섞는다.

05 프라이팬에 기름을 두르고 달구어지면 섞어 놓은 재료를 한 수저씩 적당한 크기로 떠서 노릇하게 익힌다

조리포인트

참치는 주로 회로 먹는 것을 이용하면 좋으나 구하기 어려운 경우에는 올리브오일이나 포도씨유를 이용한 참치 통조림을 이용하면 된다. 그러나 반드시 싱싱하고 신선한 것을 이용하여야 하며 통조림의 경우에는 사용 후 남은 것을 다른 용기에 넣어 보관하되 되도록 바로 사용하여야 한다. 그리고 김치는 약간 익은 것을 아이의 취향에 따라 양을 조정하고, 한번 씻어서 사용하면 아이들이 먹기 편하다.

18

영·유아기 12개월 이후

김치&야채 주먹밥

::재료(2인분)

밥 200g, 참치 30g, 김치 20g, 양파 10g, 당근 10g, 김가루, 참기름 조금씩

::효능

김치는 대표적인 저칼로리의 발효음식으로 항암효과가 탁월하다. 배추 등의 채소는 대장암 예방, 마늘은 위암 예방에 좋으며 김치에는 베타카로틴의 함량이 비교적 높기 때문에 폐암도 예방할 수 있다. 고추의 매운 성분은 폐 표면에 붙어 있는 니코틴을 제거해 준다.

또한 김치는 비타민이 풍부하고 식이성 섬유를 많이 함유하고 있으며 체내의 당류나 콜레스테롤 수치를 낮춰주므로 당뇨병, 심장질환, 비만 등 성인병 예방 및 치료에 도움을 준다.

양파와 당근은 잘게 다지기

김가루

재료들을 섞고 참기름으로 간하기

먹기 좋은 크기로 뭉치기

::만들기

01 김치와 양파, 당근은 깨끗이 씻은 후 잘게 다진다.

02 참치는 기름기를 꼭 짜서 제거하고 잘게 자른다.

03 프라이팬에 기름을 두르고 위의 준비한 재료들을 모두 볶는다.

04 믹싱 볼에 밥과 볶아낸 재료들을 넣고 잘 섞은 후 소금과 참기름으로 약간 간을 한다.

05 먹기 좋은 크기로 뭉친 후 김가루에 한 번 굴린다.

조리포인트

김치는 어느 정도 숙성되어 익은 냄새가 나는 것으로 선택하며 아이가 편식하지 않도록 여러 가지 야채를 이용하는 것이 영양섭취에 도움이 된다.

19

영·유아기 12개월 이후

키위&사과&토마토 샐러드

::재료(2인분)

키위 1개, 사과 1/2개, 토마토 1/2개, 바나나 1/2개, 요플레 2개, 마요네즈 2큰술

::효능

키위는 사과, 배, 복숭아, 바나나, 딸기 등 우리가 즐겨 먹는 과일 중 '영양소 밀도(영양소 하루 필요량에 대한 기여도)'가 가장 높은 과일이므로 성장발육기에 있는 아이들 영양원으로 효과적이다. 단 두 개의 키위만으로 비타민 C, 비타민 E, 엽산, 마그네슘, 칼륨을 충분히 섭취할 수 있다. 또한 지방과 나트륨 성분은 낮은 반면, 섬유질이 풍부해 다이어트에도 효과적이다.

샐러드용 과일 재료

방울토마토

먹기 좋은 크기로 자르기

요플레 소스와 버무리기

::만들기

01 키위, 사과, 바나나는 씻은 후 먹기 좋은 크기로 작게 자른다.

02 토마토는 끓는 물에 살짝 데친 후 껍질을 벗기고 작게 자른다. 방울토마토를 쓸 경우에는 데치지 않고 깨끗이 씻어서 꼭지를 다듬고 반으로 썰어 둔다.

03 요플레에 마요네즈 2큰술을 넣고 잘 섞어 요플레 소스를 만든다.

04 믹싱 볼에 준비한 과일들을 넣고 요플레 소스와 함께 버무려서 접시에 담아낸다. 여기에 현미 콘프러스트를 곁들여 먹으면 좋은 간식이 된다.

조리포인트

과일 샐러드는 제철과일로 싱싱한 유기농 식품을 이용하면 양질의 영양소를 듬뿍 섭취할 수 있으며 소스는 아이들이 맛있게 먹을 수 있도록 여러 가지 과일잼을 만들어 놓고 요플레에 첨가하여 소스를 만들면 달콤한 과일 향의 소스를 만들 수 있다. 특히 집에서 직접 만든 요구르트를 이용하면 더욱 효과적이다.

20

영·유아기 12개월 이후

단호박&치즈 구이

::재료(2인분)

단호박 1/2개, 파프리카 30g, 양파 30g, 양송이버섯 20g, 피자치즈 150g, 토마토케첩 조금

::효능

단호박은 비타민 A가 특히 풍부하고 비타민 B_1, B_2, C가 풍부해서 점막을 튼튼하게 하며 감기에 대한 저항력을 길러준다. 또한 세포 점막을 튼튼하게 보호하므로 회복기 환자나 위 또는 장에 궤양이 생겼다가 나은 사람에게 좋다. 또한 호박은 이뇨를 도와 담석증을 예방하는 효과도 있다. 호박씨에는 필수아미노산인 메티오닌 등이 많이 들어 있어 간을 보호하는 작용을 하므로 술안주로도 좋다. 단호박이 없을 경우 감자나 고구마를 이용해도 좋다.

단호박, 파프리카 등 재료

양송이

1/4로 자른 후 씨 제거하기

파프리카, 양파 등 재료 잘게 다지기

::만들기

01 단호박은 껍질째 솔로 문질러 씻어서 1/4로 자른 후 씨를 제거한다.

02 파프리카, 양파, 양송이를 깨끗이 씻어서 잘게 다진 후 1의 호박 위에 고루 올린다.

03 피자치즈를 맨 위에 고루 올린 후 250℃에서 15분 동안 오븐에서 구워 낸다.

조리포인트

단호박은 색이 고르고 너무 적거나 크지 않은 적당한 것을 선택한다. 단호박은 달고 치즈는 느끼한 맛이 있으므로 양파와 파프리카 같은 약간 매콤 달콤한 야채를 곁들이면 맛을 더욱 살릴 수 있으며 이때 야채를 작게 다지면 먹을 때 흘러내리지 않게 먹을 수 있다.

임신 시기별 1일 영양권장량

영양소	비임산부	임신전기 (1~3개월)	임신중기 (4~7개월)	임신후기 (8~10개월)
에너지(cal)	2000	+150	+250	+350
단백질(g)	55	+15	+15	+15
칼슘(mg)	700	+300	+300	+300
인(mg)	700	+300	+300	+300
철분(mg)	16	+4	+6	+8
아연(mg)	10	+3	+3	+3
비타민 A(mg)	700	0	+50	+100
비타민 D(mg)	5	+5	+5	+5
비타민 E(mg)	10	0	1	+2
비타민 B_1(mg)	1.0	+0.3	+0.3	+0.4
비타민 B_2(mg)	1.2	+0.3	+0.3	+0.4
니아신(mg)	13	+1	+1.5	+2
비타민 B_6(mg)	1.4	+0.5	+0.5	+0.5
비타민 C(mg)	70	+15	+15	+15
엽산(ug)	250	+250	+250	+250

성장 단계별 1일 이유식 권장량

구분	이유식 전 단계 (생후 1~2개월)	이유식 초기 (생후 3~5개월)	이유식 중기 (생후 6~8개월)	이유식 후기 (생후 9~12개월)
1일 필요열량	800kcal	850kcal	950kcal	950~1,000kcal
수유 횟수	5~6회	4회	3회	2회
이유식 횟수		1회	2회	3회
이유식 형태		알맹이 없는 흐물흐물한 형태(과즙, 미음 형태의 죽 종류)	매우 부드럽고 물컹한 상태(과즙, 걸죽한 죽 종류)	약간 알맹이가 있는 부드러운 형태, 진밥 정도(과즙, 된죽, 부드러운 생선살, 두부, 달걀 등
이유식 주는 시간		오전 10시, 12시경	오전 10시, 12시, 오후 6시경	오전 10시, 12시, 오후 2시, 6시경